QUE SAIS-JE ?

W0237917

Géopolitique du Proche-Orient

ALEXANDRE DEFAY
Agrégé de l'Université

5ᵉ mille

ISBN 2 13 053770 7

Dépôt légal — 1re édition : 2003
Réimpression de la 1re édition : 2003, décembre

© Presses Universitaires de France, 2003
6, avenue Reille, 75014 Paris

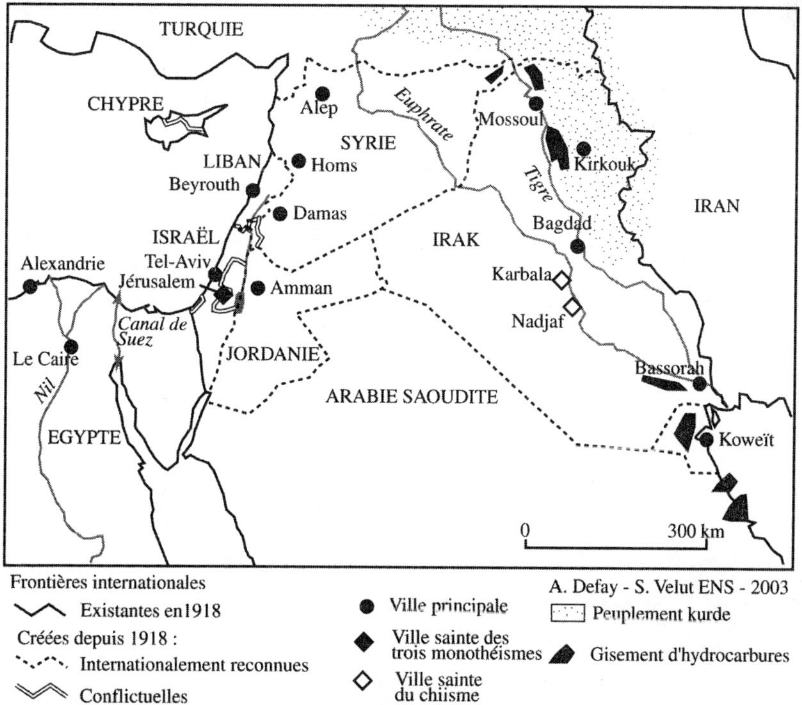
TURQUIE
CHYPRE
Alep
SYRIE
Euphrate
Mossoul
Kirkouk
LIBAN
Homs
Beyrouth
Tigre
IRAN
Damas
Bagdad
ISRAËL
IRAK
Alexandrie
Tel-Aviv
Karbala
Jérusalem
Amman
Nadjaf
Canal de Suez
Le Caire
JORDANIE
Bassorah
Nil
ARABIE SAOUDITE
EGYPTE
Koweït
0
300 km
Frontières internationales
Existantes en1918
Créées depuis 1918 :
Internationalement reconnues
Conflictuelles
Ville principale
Ville sainte des trois monothéismes
Ville sainte du chiisme
A. Defay - S. Velut ENS - 2003
Peuplement kurde
Gisement d'hydrocarbures

INTRODUCTION

Géopolitique. – La géopolitique a pour objet l'étude des effets présents et passés du politique sur l'espace géographique. Il y a du politique dans toutes les sociétés, même dans les sociétés sans État ; ces dernières connaissent, elles aussi, des problèmes de gouvernement, internes et externes, à résoudre, ce qui les conduit à faire de la politique au sens large. Mais c'est avec la naissance de l'État, du reste dans cette région, trois mille ans avant notre ère, que l'espace acquiert une dimension géopolitique permanente. Désormais l'espace n'est plus seulement façonné et cloisonné par la diversité du milieu naturel et par celle du peuplement mais aussi par l'exercice de souverainetés étatiques concurrentes. Au regard de ces dernières, l'espace est le théâtre et l'enjeu de leurs rivalités ; pour accroître leur puissance matérielle mais aussi symbolique, elles s'en disputent le contrôle par la guerre, les alliances ou la négociation ; elles créent ainsi des frontières politiques, limites plus ou moins pérennes, plus ou moins précises, plus ou moins étanches, à l'intérieur desquelles elles contribuent à différencier l'espace par leurs outils propres de contrôle et d'administration.

L'espace est, ainsi, du point de vue géopolitique, enjeu et terrain de déploiement de la puissance. Enjeu pour le contrôle de voies stratégiques, de ressources vitales, mais aussi de territoires ou de lieux symboliques ; terrain de manœuvre de la puissance locale, régionale ou mondiale.

Mais ces rivalités de pouvoir sur l'espace, que l'approche géopolitique tente de décrire et d'expliquer, ne sont pas seulement des conflits d'intérêt « objectifs », au sens de conflits dus à un besoin vital, réel ou prétendu, à satisfaire pour la survie de l'entité politique, mais aussi des conflits relatifs à des territoires représentés, c'est-à-dire des territoires qui, pour ceux qui les habitent ou qui les convoitent, sont « imaginés », chargés de valeurs, pieusement transmises de génération en génération dans les sociétés traditionnelles, et sacralisées par les instruments d'acculturation de l'État moderne, l'école et les médias. Or, les détenteurs du pouvoir politique utilisent et manipulent ces représentations, dont ils sont eux-mêmes parfois dupes, pour atteindre, et parfois camoufler, leurs objectifs stratégiques.

Le Proche-Orient. – Le Proche-Orient, expression usuelle dans la tradition géographique française au XIXe siècle et jusqu'aux années 1930 du XXe siècle, pour désigner l'Orient le plus proche, c'est-à-dire l'Égypte et les pays du Croissant fertile (Syrie, Liban, Irak, Jordanie, Israël) recouvrait déjà un espace plus géopolitique, au sens ci-dessus précisé, que géographique.

En effet, dépourvu de frontières naturelles, d'unité physique ou humaine, le Proche-Orient se définissait comme un terrain, investi de représentations symboliques fortes (le foyer originel de la Civilisation, les Lieux saints des trois grandes religions monothéistes, l'Orient immobile et mystérieux), siège d'enjeux stratégiques majeurs pour les puissances européennes et, en conséquence, théâtre de manœuvres diplomatiques et militaires de celles-ci.

Du reste, le déplacement et l'extension du champ de ces enjeux au golfe Arabo-Persique ont conduit, dans les décennies suivantes, maints analystes et commentateurs à préférer au terme de Proche-Orient celui de

Moyen-Orient, d'inspiration anglo-saxonne, qui englobe tous les pays s'étendant de la Libye (et même, pour les auteurs américains, du Maroc) à l'Afghanistan et de l'Iran à la péninsule Arabique.

Mais, ces dernières années, le rôle central joué dans les relations internationales par les initiatives tendant à la résolution du conflit israélo-palestinien, et, plus généralement, à celle du conflit israélo-arabe, a invité de nombreux observateurs à un constat d'évidence : au sein de l'ensemble géopolitique du Moyen-Orient, le sous-ensemble Proche-Orient justifie, à nouveau, d'être distingué, à cause, cette fois, des tensions et des conflits dont il est le théâtre ; conflits dont l'importance, si l'on en juge, par exemple, par l'attention que leur prêtent les médias internationaux, tient pour une part essentielle à la portée symbolique, à l'échelle planétaire, des enjeux qu'ils cristallisent.

Étendue et portée symbolique des conflits. – Au cœur des tensions qui marquent le Proche-Orient se trouve le conflit israélo-palestinien entré, depuis septembre 2000, dans une nouvelle phase paroxystique communément désignée par l'expression de *deuxième Intifada* en référence à la période de violence, dite *Intifada* qui a secoué (au sens premier du terme en arabe) les Territoires de Cisjordanie et de Gaza entre 1987 et 1993. Certes, le lourd bilan des attaques palestiniennes, en particulier des attentats-suicides commis par des kamikazes sur le sol israélien, et celui des représailles israéliennes dans les Territoires (plus de 3 500 morts de septembre 2000 à la fin de l'année 2003) justifieraient, à eux seuls, une attention soutenue des médias internationaux.

Mais le conflit israélo-palestinien provoque beaucoup plus que cela comme en témoignent sa place dans le débat public partout dans le monde et son évocation dans les innombrables articles et ouvrages qui, dans toutes les langues, lui sont consacrés. Ce conflit, qui se joue sur un territoire minuscule à l'échelle de la planète (Israël, la Cisjordanie et la bande de Gaza ne couvrent, en tout, que 27 000 km^2), est devenu, par ses origines, sa nature et la personnalité de ses protagonistes, emblématique de beaucoup d'autres, ouverts ou latents.

En fait, un grand nombre d'individus, de peuples et d'États dont les identités culturelle, sociale et politique sont bousculées par les effets de la mondialisation et par ceux, concomitants, de l' « hyperpuissance » américaine, voient dans cette confrontation une représentation de leurs frustrations et de leurs angoisses mais aussi de leurs aspirations et de leurs espoirs.

Cette focalisation des opinions publiques est particulièrement forte dans le monde arabe que ce conflit renvoie aux échecs militaires face à Israël (1948, 1956, 1967, 1973), à l'occupation de terres arabes par Israël (Territoires palestiniens, Golan et surtout l'obsédante « perte » de Jérusalem), à son incapacité à s'unir ou au moins à faire front commun, et à son impuissance diplomatique ; il le renvoie aussi à ses difficultés économiques qui creusent, chaque année un peu plus, le fossé qui le sépare de l'Occident auquel il identifie, bien sûr, Israël (le PIB par tête israélien est, en 2001, supérieur à 16 000 $ contre, par exemple, 1 100 en Égypte la même année), à ses complexes en matière culturelle, nourris par la faiblesse de l'édition et de la diffusion d'ouvrages en langue arabe et par la marginalisation de cette dernière dans les instances internationales ; il le renvoie enfin à son incapacité apparente à adopter les règles élémentaires de la démocratie en vigueur en Israël et, plus généralement, à endosser les habits de la modernité dont l'État juif lui retourne l'obsédante image.

La décision des États-Unis, au printemps 2003, d'engager sans l'aval du Conseil de sécurité de l'ONU des opérations militaires en Irak, la rapidité avec laquelle l'armée irakienne a été défaite, l'effondrement du régime irakien, l'occupation, annoncée certes comme temporaire, d'un pays arabe par l'Amérique – un pays arabe regardé avec fierté par les masses arabes en raison du prestige de sa capitale, siège du Califat de l'âge d'or abbasside, mais aussi de son potentiel humain et économique –, les menaces américaines adressées à la Syrie, inversement, le soutien actif apporté par certains États arabes du Golfe (Qatar, Émirats arabes unis, Oman) à la coalition emmenée par les États-Unis, ont évidemment aggravé le trouble du monde arabe, partagé entre révolte et abattement.

Au-delà, c'est aujourd'hui l'ensemble du monde musulman qui partage peu ou prou cette vision d'un conflit métaphorique de l'affrontement que ses propres craintes et ses propres ressentiments l'incitent à imaginer – pour le redouter ou l'espérer – engagé entre l'Islam et l'Occident. Cette attitude n'a pas toujours été unanimement partagée : l'Iran du Shah, la Turquie jusqu'à présent, ont entretenu avec l'État d'Israël une coopération économique et militaire étroite. Mais le développement et l'influence grandissante, dans tous les pays totalement ou partiellement musulmans, de mouvements islamistes qui proclament leur haine de l'Occident et des valeurs qu'ils y attachent, modifient la donne : le sort fait aux Palestiniens est interprété comme la manifestation de tout ce qui caractérise, à leurs yeux, l'Occident honni : matérialisme, arrogance, brutalité et partialité, incarnés par le relais imposé de l'Occident en terre d'Islam, jamais autrement désigné, et donc dénoncé, que par l'expression d'« entité sioniste ».

Dans les pays en voie de développement ou émergents, ceux non majoritairement musulmans d'Afrique et d'Asie et ceux d'Amérique latine, la vision du conflit est moins passionnelle puisque dépourvue d'enjeu religieux. La situation au cœur du Proche-Orient mobilise néanmoins l'opinion parce qu'elle est regardée comme l'illustration des effets pervers du déséquilibre des rapports économiques, culturels et politiques entre le « Nord » et le « Sud ».

Le regard porté par l'Occident sur la confrontation israélo-palestinienne, tout aussi attentif, est, bien entendu, manifestement différent, encore que celui des États-Unis diverge sensiblement de celui de la plupart des membres de l'Union européenne.

Comme nous le montrerons plus loin, la vision géopolitique qu'ont les États-Unis du Proche-Orient intègre de nombreux paramètres, notamment celui de leurs nécessaires bonnes relations avec les monarchies pétrolières du Golfe comme avec l'Égypte et la Jordanie. Il n'en reste pas moins vrai que leur approche du problème israélo-palestinien est guidée par leur choix, constant depuis 1967, d'un soutien économique, diplomatique et militaire sans faille à Israël, soutien perçu comme tel par le reste du monde. Celui-ci considère, en conséquence, que la poursuite ou la fin du conflit dépend largement des décisions de la principale puissance mondiale.

La vision européenne, bien que dépourvue d'une complète homogénéité, est plus ambiguë : Israël est regardé comme un pays proche par la géographie, l'économie (l'Union européenne est le premier partenaire commercial d'Israël), la culture et les valeurs démocratiques partagées ; mais, pour des raisons historiques et stratégiques que nous préciserons dans la partie consacrée aux représentations européennes du Proche-Orient, l'attention portée à l'avenir des Palestiniens est plus vive qu'outre-Atlantique (l'Union européenne est le principal bailleur de fonds de l'Autorité palestinienne). Cette attention est, bien entendu, déplorée en Israël, et même sévèrement condamnée, en particulier quand elle est le fait de l'ancienne puissance mandataire : le Royaume-Uni ou, plus encore, du seul allié des temps héroïques de l'Indépendance à 1967 : la France.

La position de la Russie et de la Chine a beaucoup évolué depuis une dizaine d'années. Bien que concurrentes au Proche-Orient, elles y ont joué, l'une et l'autre, la carte arabe jusqu'à la fin des années 1980. Aujourd'hui, leur position n'est guère différente de celle des principaux États européens, même si elle repose sur des motifs en partie distincts, partagées qu'elles sont entre leur besoin de renforcer leurs relations en matières technologique et commerciale avec Israël et leur souci, stratégique, de ménager leurs intérêts économiques et leur image, y compris dans ce dernier cas à cause de leur situation intérieure et de leurs problèmes propres de voisinage, dans les pays arabes et le monde musulman en général.

On le voit, le Proche-Orient, dans les limites que nous avons rappelées, occupe une place centrale sur l'échiquier géopolitique mondial. S'y affrontent des visions multiples et contradictoires, à commencer par celles des protagonistes locaux, qui combinent en représentations complexes, d'une part, des enjeux stratégiques, avoués ou dissimulés, régionaux et mondiaux et, d'autre part, des perceptions et des convictions identitaires, sociales, culturelles et religieuses, fortes et antagonistes.

L'analyse de ces représentations fera l'objet de la première partie de cet ouvrage.

La diversité de ces représentations, leur apparente irréductibilité les unes aux autres, les rapports de force et les conflits qui en résultent, trouvent leur explication dans des structures matérielles et idéelles élaborées depuis la plus haute antiquité jusqu'à nos jours. Elles seront examinées dans la seconde partie.

PREMIÈRE PARTIE

UN ESPACE « SURREPRÉSENTÉ »

Chapitre I

LES ACTEURS LOCAUX : ISRAËL, LES PALESTINIENS ET LES ÉTATS ARABES VOISINS

Les représentations israéliennes

Elles sont fondées sur les idéaux du sionisme[1]. Inscrit dans le débat sur les « nationalités » qui agite l'Europe dans la seconde moitié du XIXe siècle et porté par le réveil de ce qu'on appellera désormais l'antisémitisme (le mot fait son apparition en 1879), le sionisme, comme revendication d'un État-nation juif, apparue dans les années 1880 (le terme est d'un emploi courant à partir de 1892), est marqué, à ses débuts, par l'indifférenciation territoriale.

Conformément au principe fondateur du nationalisme, les premiers sionistes demandent que l'identité nationale du peuple juif, réalité à leurs yeux historique et culturelle, se traduise par une identité politique et un ancrage territorial sous la forme d'un État-nation

1. Voir p. 60.

juif mais dont le choix de l'implantation est ouvert. Si de nombreux sionistes revendiquent, pour des raisons historiques et religieuses, la Palestine afin de pouvoir y déployer leur projet, d'autres, notamment ceux qui ne méconnaissent pas l'hostilité du Sultan et celle des autorités et des populations locales à cette entreprise, sont prêts à envisager d'autres destinations (Ouganda, Argentine) ; encore dans les années 1930, face aux difficultés économiques et politiques du foyer juif en Palestine (le *Yichouv*[1]) et à la nécessité de trouver un asile plus sûr et plus vaste capable d'accueillir les Juifs qui fuient les persécutions nazies, certains songent à coloniser Madagascar ou la Syrie. Ces hésitations et ces débats des premiers temps du sionisme relatifs au territoire où pourrait s'exercer une souveraineté de la Nation juive ne seront pas sans influence sur le pragmatisme territorial dont ont fait preuve les leaders du *Yichouv* puis les dirigeants successifs de l'État d'Israël depuis sa fondation en 1948 jusqu'à aujourd'hui.

Ce pragmatisme territorial se nourrit très tôt, par ailleurs, d'un constat : la Palestine n'est pas « une terre sans peuple pour un peuple sans terre » ; elle est peuplée d'Arabes opposés dès le début à l'entreprise sioniste : le premier heurt violent entre Arabes et colons juifs a lieu le 29 mars 1886 quand des villageois arabes de Yahudia attaquent Petah Tiqvah, la plus ancienne implantation juive moderne (1878) en Palestine. Il convient donc de doter l'entreprise sioniste, dans l'esprit de ses dirigeants, de représentations du Proche-Orient, elles-mêmes pragmatiques, qui la légitime aussi bien aux yeux de la Communauté interna-

1. Mot hébraïque pour lotissement. Désigne à partir de la fin du XIXe et jusqu'en 1948 la communauté juive immigrée en Palestine.

tionale qu'à ceux de ses acteurs. Les représentations ont donc évolué au gré des changements du contexte local et international.

Dans un premier temps, les leaders sionistes justifient leur aspiration à créer un État juif en Palestine en contestant qu'un autre peuple soit fondé à émettre une revendication de souveraineté sur le même territoire. C'est l'argumentation développée par Chaïm Weizmann, président de l'Organisation sioniste mondiale à partir de 1920 (et premier président de l'État d'Israël en 1948), qui, déjà en 1918, quelques mois seulement après la Déclaration Balfour (2 novembre 1917)[1], alors que la Palestine n'est pas encore totalement sous le contrôle des Britanniques, se plaint que ces derniers fassent tout « comme s'il existait un peuple arabe en Palestine »[2]. Se fondant sur les critères ethniques, économiques et culturels du XIXe siècle colonial, Weizmann dénie à la population arabe de Palestine toute capacité à constituer un peuple. Cette représentation, décalque de la vision forgée en Europe occidentale au XIXe siècle d'un Proche-Orient violent, incapable d'accéder seul au progrès et à la démocratie et où le sionisme, porteur des valeurs de l'Occident, exerce une mission civilisatrice, s'avère dépassée, dans son schématisme, à la fin des années 1930.

S'impose alors une autre représentation, plus élaborée même si ses fondements idéologiques profonds ne sont guère différents, qui restera partagée par une majorité d'Israéliens jusqu'aux années 1980 et dont le plus illustre promoteur est David Ben Gourion. Pour

1. Voir p. 65.
2. Lettre de Weizmann à Balfour du 30 mai 1918, citée par H. Laurens, *Le retour des exilés,* Robert Laffont, 1998.

s'opposer à ceux qui, dans les rangs juifs, autour du mouvement *Brit Chalom,* « l'Alliance pour la paix », animé notamment par Martin Buber et Yehuda Magnes, prônent un État binational en Palestine, Ben Gourion développe un argumentaire inspiré de l'idée allemande, celle de Herder et de ses émules, de l'État-nation : celui-ci doit traduire en identité étatique, l'identité culturelle collective propre à un groupe humain, *un peuple.* Ceci sur l'aire revendiquée comme celle de son extension et mesurée, en conséquence, à l'aune de critères ethniques, culturels (langue, valeurs sociales et religieuses partagées) ou historiques (« les droits historiques »). Dans le droit fil de cette vision, Ben Gourion, premièrement, soutient que deux peuples, et seulement deux peuples, le peuple juif et le peuple arabe peuvent prétendre se constituer en États-nations au Proche-Orient ; ainsi dénie-t-il aux Arabes de Palestine la possibilité de se constituer en *peuple palestinien* puisqu'ils appartiennent au *peuple arabe* dont ils partagent la langue, les coutumes et les religions dominantes (islam et christianisme) ; deuxièmement, il affirme que le peuple arabe dispose, comme il l'écrira dans ses *Mémoires*[1], de « beaucoup de pays très vastes », pour se constituer un territoire national sans avoir à revendiquer celui de la Palestine ; troisièmement, il avance que, par peuple juif, il faut entendre les Juifs du monde entier, pas seulement ceux qui vivent en Palestine, tous habilités à faire valoir leur droit national, le droit au « retour », sur la seule terre qu'il puissent revendiquer, « Eretz Israël », dont les limites se confondent plus ou moins avec celles de la Palestine mandataire.

1. D. Ben Gourion, *Mémoires : Israël avant Israël,* Paris, 1974.

Ce qui va constituer, pendant cinquante ans, la représentation sioniste du Proche-Orient est donc bâtie sur une conviction et sur une ambiguïté. Sur une conviction : les Juifs, tous les Juifs, mais eux seuls, disposent d'un droit national sur la Terre d'Israël ; le partage territorial de la région doit garantir la viabilité et la sécurité d'un État juif ; dans celui-ci, les Arabes qui s'y maintiennent, sont des concitoyens, égaux en droit, mais ne sont pas des compatriotes : s'ils entendent exercer une souveraineté, ce que les sionistes admettent et même encouragent, ils doivent le faire ailleurs, hors de l'État juif. Sur une ambiguïté : comment revendiquer pour ce dernier l'étendue la plus généreuse sans compromettre sa nature juive ? La représentation est ici plus floue : faut-il limiter ses ambitions territoriales ou bien, au contraire, peut-on compter sur une immigration massive des Juifs de la Diaspora pour les justifier ? Doit-on encourager ou contraindre les Arabes à quitter tout ou partie de la Palestine ? Passée l'euphorie qui suivit la victoire-éclair de la guerre des Six jours (1967), ces questions se posent avec une acuité encore renforcée après celle, plus durement acquise, dite de Kippour (1973). Trois constats s'imposent alors :

L'État d'Israël, patrie de tous les Juifs, n'a pu convaincre que le tiers d'entre eux de le rejoindre. Hors la forte communauté de l'Union soviétique, les Juifs de la Diaspora, aux États-Unis en particulier, ne paraissent pas disposés à vouloir émigrer en masse en Israël ; en conséquence, la poursuite de son extension territoriale (par exemple par l'annexion de la Cisjordanie conquise en 1967) risquerait de compromettre la nature juive de l'État par le jeu des rapports de force démographiques entre Juifs et Arabes.

Il existe un « fait palestinien » : La création de l'OLP (1969), son admission comme observateur à l'ONU et le discours qu'y prononce son chef, Yasser Arafat, en 1974, l'activisme de ses relais en Europe et aux États-Unis conduisent l'opinion internationale à s'en convaincre. Sensibles à cette évolution, les dirigeants israéliens, eux-mêmes confrontés, du fait de l'occupation et de l'administration des Territoires, à plus d'un million d'Arabes qui se proclament Palestiniens, doivent admettre qu'il existe un sentiment national palestinien qui ne se réduit pas à celui d'appartenir au « monde arabe ».

La société israélienne ne se reconnaît plus uniquement dans l'idéologie sioniste des pionniers du *Yichouv*. L'efficacité de ses creusets (l'école, le service militaire obligatoire pour les jeunes Juifs, garçons et filles) n'a pas fait disparaître les clivages traditionnels entre séfarades et ashkénazes, religieux et laïcs ni conjuré l'apparition de ceux qui s'y sont ajoutés, engendrés par le développement économique, l'urbanisation et une ouverture de plus en plus large sur le monde occidental et aux débats qui s'y développent sur les identités, la nation et l'État. Ces clivages nouveaux qui réactivent les anciens, agissent comme autant de forces centrifuges sur la société israélienne qui tend, dans les moments de crise, à ne plus être soudée que par la peur partagée de la disparition.

Toutefois, si les Israéliens reconnaissent, certains du bout des lèvres, le « fait » palestinien, ils considèrent dans leur majorité, jusqu'au déclenchement de l'*Intifada* (décembre 1987), que la Jordanie est le territoire sur lequel les Palestiniens devraient réaliser leur aspiration à la souveraineté. L'*Intifada,* les négociations puis les accords d'Oslo, vont changer radicalement la représentation israélienne du Proche-Orient :

l'idée fait son chemin, non sans polémiques et raidissement « jusqu'au-boutiste » d'une partie de l'opinion (ce dernier conduira à l'assassinat du Premier ministre Rabin en 1995), que seul un partage de la Palestine mandataire entre Israël et un État palestinien peut garantir la pérennité et la sécurité de l'État juif. L'approbation de ce pari, douloureux par les sacrifices territoriaux qu'il suppose, de « la paix contre les territoires » par une majorité des Israéliens semble acquise avec l'élection triomphale (56 % des suffrages exprimés) d'Ehud Barak au poste de Premier ministre, le 17 mai 1999. Or, les contradictions de la politique du gouvernement d'Ehud Barak (1999-2001) et de celle de l'Autorité palestinienne mise en place après l'accord d'Oslo (1993), les échecs successifs, en 2000, des négociations sur un statut définitif des Territoires, la multiplication, depuis lors, des attentats visant des civils israéliens, ont eu sur les représentations israéliennes, telles qu'elles paraissent ressortir des élections législatives de janvier 2003, trois conséquences principales :

La première consiste pour une majorité des Israéliens à renouer avec les angoisses d'une mémoire douloureuse : celles du rejet par l'Autre, celles de la destruction et à approuver, en conséquence, l'approche sécuritaire privilégiée par le gouvernement d'Ehud Barak dès la reprise des violences dans les Territoires, approche systématisée par celui d'Ariel Sharon. Et ceci bien que, selon toutes les enquêtes d'opinion, les Israéliens continuent d'aspirer à la paix et sont, en majorité, partisans d'un retrait, partiel ou total, des Territoires occupés et de la création, à terme, d'un État palestinien. Le taux d'abstention record (31,5 %), l'échec subi par les partis qui soutenaient le processus d'Oslo et, au contraire le succès de ceux qui y étaient plus ou moins opposés : le Parti travailliste, passe de 26 à 19 députés, et le *Meretz,* partisan d'une reprise inconditionnelle des négociations avec les Palestiniens, perd quatre de ses dix mandats de 1999, tandis que le *Likoud* et ses ralliés séfarades du *Gesher* passent de 21 à 38 sièges, témoignent de l'ampleur du désarroi de la société israélienne.

La seconde est d'entretenir, et probablement d'accélérer, le processus de morcellement politique de la société israélienne. Certes, la remise en cause de l'unité idéologique du pays, forgée par les pionniers du *Yishouv* puis par les fondateurs de l'État, autour des valeurs et des idéaux du sionisme, ne date pas de la *nouvelle Intifada.* Les forces centrifuges, mentionnées plus haut, qui agissent sur la société israélienne sont à l'œuvre, au grand jour, depuis deux décennies au moins. Mais les résultats des élections législatives de 2003 font apparaître qu'elles puisent dans le conflit avec les Palestiniens de nouvelles énergies. Ainsi, le succès du Parti *Shinoui* (qui conquiert 15 sièges à la Knesset contre 6 en 1999) témoigne d'une radicalisation de la position de certains milieux laïcs vis-à-vis des modes de vie et de pensée de leurs compatriotes religieux en même temps que de leur basculement « à droite » sur la question palestinienne, puisque, outre son aversion pour les Juifs religieux, ce parti porte sur les Palestiniens et leur président des jugements proches de ceux du Premier ministre *Likoud,* Ariel Sharon. L'un des plus célèbres écrivains israéliens, Amos Oz, souligne combien la percée du Parti *Shinoui* traduit au mieux le trouble, au pire la décomposition idéologique de la société israélienne. Pour lui, la montée de ce parti exprime un phénomène de société inquiétant où la haine et le dégoût de l'autre dominent.

La troisième conséquence des événements tragiques des années 2000-2003 peut paraître paradoxale : une large majorité des Israéliens reste attachée à l'idée que la mise en place d'un État palestinien partageant avec Israël le territoire hérité de la Palestine mandataire est inévitable et, pour une partie d'entre elle, souhaitable. En effet, les partis de l'Union nationale (extrême droite et russes ultranationalistes d'*Israël Beitenou*), seuls partisans avoués du « Grand Israël » et du transfert des populations arabes vers les pays voisins, ne progressent pas aux élections de 2003 et se maintiennent à sept sièges sur les 120 que compte la Knesset. Ce score confirme les indications fournies par les sondages pré-électoraux de 2003 (60 % des Israéliens favorables à la création d'un État palestinien et 63 % à un démantèlement des colonies) et par le *« General Peace Index »* établi mensuellement par le *« Tami Steinmetz Center for Peace research »* de l'Université de Tel Aviv, selon lequel une majorité de la population israélienne souhaite l'aboutissement du processus de paix : 56 % en février 2003, loin certes du « record » (67,1 %) de mai 1999, mais meilleur que le point le plus bas atteint en septembre 2001, 47,1 %, seul mois pendant lequel l'indice, de 1999 à aujourd'hui, est passé sous le seuil de 50 %.

Mais de quelle paix s'agit-il ? Comment les Israéliens se représentent-ils le futur État palestinien dont la majorité d'entre eux admettent le principe ? Pour les raisons évoquées précédemment (désarroi général, déport à droite de la société israélienne et aggravation de son morcellement idéologique), une minorité, aujourd'hui, de la population juive, celle qui se reconnaît dans les partis de gauche (*Hadash, Meretz,* aile gauche du Parti travailliste), accepterait un État palestinien souverain sur la quasi-totalité de la Cisjordanie et de la bande de Gaza avec la Jérusalem arabe, en totalité ou en partie, comme capitale, alors qu'au printemps 1999, une majorité des Israéliens était, pour certains certes sans enthousiasme, prête à se rallier à cette solution garante, pensaient-ils, de la sécurité et de la prospérité de l'État juif.

En conséquence, la majorité des Israéliens semble adopter, sur la représentation d'un futur État palestinien, une posture embarrassée : oui à un État palestinien mais sans pouvoir clairement dire quand, sous quelle forme, sur quel territoire, etc.

Cette posture désorientée est, comme nous le verrons dans la deuxième partie, le reflet du flou et de l'ambiguïté des positions adoptées par les dirigeants israéliens, palestiniens et américains depuis quatre ans. Elle est aussi celle d'une société traumatisée par la reprise des attentats suicides, le tout dans un climat de récession économique, de retour de l'inflation (7 % en 2002) et de montée du chômage (10,5 % en 2002).

Faute d'être placée, par ses dirigeants et/ou la communauté internationale, devant un choix clair et réaliste concernant l'avenir des relations israélo-palestiniennes et donc de l'État juif, la société israélienne se fait une idée, une représentation, plus confuse que jamais de la question palestinienne et du chemin à emprunter pour aboutir à la paix. Paix à laquelle, comme nous l'avons à plusieurs reprises souligné, elle aspire majoritairement. Ce brouillage des repères, ce doute qu'entretiennent l'insécurité et la politique suivie pour y faire face, conduit à une sorte de repli sur soi, sur le ou les groupes auxquels on s'identifie. Aux dernières élections législatives, les Israéliens ont voté, comme nous l'avons noté plus haut, en fonction des conflits internes qui secouent, depuis longtemps, la société. Paradoxalement en apparence, comme le soulignait un observateur au lendemain des élections de 2003, « la lutte entre les principaux groupes qui se disputent la direction de l'État a plus passionné certains électeurs que la reprise des négociations avec les Palestiniens, qui conditionnent pourtant l'avenir d'Israël... »[1].

Les représentations arabes

Sous l'influence des discours hégémoniques de l'Europe sur, d'une part, l'État et la nation, d'autre part, les archaïsmes sociaux et religieux du Proche-Orient et du monde musulman en général, les représentations arabes ont longtemps été marquées du sceau du panarabisme dont les tenants aspiraient, sur le modèle des Unités allemandes et italiennes, à constituer un État rassemblant toutes les populations arabes et dont le dynamisme réformateur contredirait les propos dévalorisants de l'Occident sur l'incapacité du monde arabo-musulman à maîtriser les outils politiques et techniques de la modernité.

Mais ce souhait se heurta d'abord aux frontières, décidées par les puissances après 1914-1918, qui morcelèrent le monde arabe en plusieurs États, puis, après l'accession à l'indépendance de ces derniers, au refus de leurs appareils étatiques d'abandonner les instruments et les avantages de leur pouvoir. La création de la Ligue des États arabes (22 mars 1945) qui semblait, *a priori,* aller dans le sens du panarabisme consacra en fait, dès son intitulé, le morcellement imposé par l'épisode colonial. Les tentatives d'union plus restreinte en restèrent au stade du vœu pieux ou avortèrent comme celle de la République Arabe Unie, unis-

1. Dominique Vidal, *Le Monde diplomatique,* février 2003.

sant l'Égypte et la Syrie, créée en 1958 et dissoute dès 1961.

L'échec du panarabisme a contribué, entre autres, à la différenciation des représentations arabes du Proche-Orient et en particulier à la constitution d'une représentation palestinienne spécifique.

Les représentations palestiniennes

Certes, dans le Levant arabe, la diversité religieuse, le côtoiement des Lieux saints des trois religions révélées, le souvenir des croisades, la présence et l'influence, plus forte qu'ailleurs au Proche-Orient, des puissances européennes, les débuts de la colonisation sioniste font, qu'à l'aube du XXe siècle, dans ce qui va devenir la Palestine mandataire, les populations ont conscience d'une « différence » palestinienne. Mais ce sentiment recouvre une réalité territoriale aux contours flous et même contestée : les notables palestiniens, qui ont massivement embrassé la cause de l'unité arabe et qui refusent le découpage mandataire, s'affirment « Syriens du Sud », soutenant de ce fait, paradoxalement, que la Palestine n'existe pas. Cette représentation ne survit pas aux conséquences des décisions imposées par les puissances mandataires : création d'une Palestine mandataire et établissement, en son sein, d'un foyer national juif conformément aux engagements de la Déclaration Balfour. Les représentations palestiniennes vont s'établir, dans ce contexte, sur la base de la revendication du territoire de la Palestine mandataire et du refus du sionisme.

C'est pourquoi la représentation dominante chez les idéologues palestiniens d'un État pour les leurs est, jusqu'à la proclamation de l'État d'Israël en 1948 et à la partition de la Palestine qui en résulte, celle d'un

État unitaire sur toute l'étendue de la Palestine mandataire où seraient traités en citoyens égaux Juifs et Arabes, la question restant débattue de savoir si seuls les Juifs, et leurs descendants, qui étaient en Palestine avant la Déclaration Balfour accéderaient à la citoyenneté palestinienne. Après la création de l'État juif, la représentation palestinienne se focalise sur un thème, celui de la destruction d'Israël, seule à même de permettre l'édification d'un État palestinien unitaire et démocratique. Mais, enfermés dans cette logique de guerre, les leaders palestiniens n'en mesurent pas moins qu'elle ne suffit pas seule à fonder une identité partagée, notamment par les Palestiniens de la Diaspora (ceux qui vivaient dans ce qui est devenu Israël et qui se sont réfugiés dans les pays arabes voisins et dans ceux du Golfe) parfois bien intégrés dans leur pays d'accueil, une identité opposable aux États arabes qui ont des visées, au nom du panarabisme ou de leurs intérêts nationaux, sur tout ou partie de la Palestine. C'est pourquoi, à la fin des années 1960, ils affirment que « l'identité palestinienne est une caractéristique authentique, intrinsèque et perpétuelle. Elle se transmet des parents aux enfants. Ni l'occupation sioniste, ni la dispersion du peuple arabe palestinien résultant des souffrances qu'il a endurées, ne peuvent effacer cette identité palestinienne »[1]. Par une démarche qui n'est pas sans rappeler celle empruntée par les idéologues sionistes à partir des années 1920, leurs homologues palestiniens proposent à l'imaginaire de leur compatriotes la sacralisation de la *Terre* : « L'attachement permanent de ce peuple à sa terre a imprimé à la terre son identité et au peuple son carac-

1. Article 4 de la seconde charte de l'OLP, juillet 1968.

tère national »[1], du *Retour* : « Dans les exils proches ou lointains, jamais le peuple n'a perdu sa foi en son droit au retour et à l'indépendance »[2] et du *droit du sang* : « Toute personne née de parents palestiniens [...], que ce soit en Palestine ou hors de Palestine, est palestinienne. »[3]

En développant une représentation, en quelque sorte symétrique de celle des Israéliens, désormais axée sur l'identité palestinienne, ses contenus culturels et religieux mais aussi ses solidarités économiques et sociales, plus que sur la reconquête de la Palestine mandataire, les idéologues palestiniens, tout du moins ceux majoritaires de l'OLP, adoptent à leur tour une approche pragmatique du territoire : le futur État palestinien n'est plus celui des frontières mandataires mais celui où pourra se déployer une identité économique, sociale et culturelle palestinienne dans des délimitations à définir, aux côtés, faute de mieux, de l'État juif.

Bien que cette représentation soit refusée par une forte minorité de la population palestinienne qui ne se reconnaît que dans le refus de la négociation avec Israël et la poursuite de la lutte armée prônée notamment par le *Hamas* et le *Jihad* islamique, les négociations puis la signature des accords d'Oslo (1993) lui donnent une base concrète.

Certes les difficultés et les retards de la mise en œuvre de ces accords, puis leur échec et le retour de la violence à partir de l'automne 2000 *(deuxième Intifada)* ont brouillé cette représentation mais sans pour

1. Déclaration d'indépendance de l'État de Palestine, Alger, 14 novembre 1988.
2. *Ibid.*
3. Article 5 de la seconde charte de l'OLP, juillet 1968.

autant la remettre en question : l'acceptation immédiate, par l'Autorité palestinienne, de la « feuille de route » élaborée par les États-Unis, l'Union européenne, la Russie et l'ONU en 2002 pour aboutir à un État palestinien souverain en 2005, en porte témoignage.

Les représentations arabes dans le reste du Proche-Orient

Après la défaite de leurs armées et la proclamation de l'État d'Israël en 1948, les dirigeants arabes et leurs populations se font une représentation du Proche-Orient qui se nourrit de deux thèmes étroitement liés : l'unité arabe et la disparition de l'État juif, corps étranger en « terre arabe », obstacle géostratégique et idéologique à la réalisation des objectifs du panarabisme.

Plusieurs secousses vont ébranler cette représentation monolithique d'un Proche-Orient arabe, bientôt uni et débarrassé de l' « anomalie » israélienne : les revers militaires successifs (1956, 1967, 1973) face à Israël et le sentiment qui en résulte que sa destruction par la force n'est pas pour demain, le fiasco de la RAU, l'émergence de nationalismes étatiques qui, progressivement, se superposent au nationalisme arabe et parfois entrent en concurrence avec lui, les difficultés économiques et sociales auxquelles la course aux armements n'est pas étrangère, l'évolution du contexte international, en particulier le poids grandissant des États-Unis dans la région après la guerre des Six jours et plus encore après l'effondrement de l'URSS. Ces données conduisent les dirigeants arabes de la région, plus ou moins bien suivis par leurs populations, à se représenter autrement l'avenir du Proche-Orient, à l'exception, aujourd'hui levée, de Saddam Hussein qui, en l'absence d'enjeu territorial, campait résolument, sur le front du refus de toute reconnaissance du fait israélien et soutenait les plus farouches opposants palestiniens au processus de paix y compris en finançant leurs actions terroristes en Israël.

Le rythme auquel ces dirigeants intègrent ces nouveaux paramètres dans leur représentation du Proche-Orient est conditionné par l'idée qu'il se font, d'une part, de l'urgence à régler le conflit israélo-arabe mesurée à l'aune de leurs seuls intérêts nationaux spécifiques et d'autre part, de l'utilité, appréciée sur la base des mêmes critères, de se rapprocher des États-Unis. Il n'est donc pas étonnant que l'Égypte ait été le premier pays arabe à franchir le pas en signant le traité de Washington (1979) qui lui permet, en reconnaissant l'État d'Israël et en établissant des relations diplomatiques avec lui, de recouvrer son intégrité territoriale en récupérant la totalité du Sinaï et de bénéficier d'une aide financière et militaire substantielle des États-Unis. La condamnation unanime par les autres États arabes de cette décision unilatérale de l'Égypte, et les sanctions qui en découlent (l'Égypte est exclue des institutions panarabes) retardera, sans l'empêcher, la décision d'autres États de lui emboîter le pas : la Jordanie signe un traité de paix avec Israël en octobre 1994 et la Syrie, sans aboutir, négocie dans le même but avec l'État juif.

Mais cette évolution des dirigeants arabes est ambiguë : parallèlement à leurs efforts de normalisation de leurs relations avec Israël, ils tolèrent que leurs médias, sous étroit contrôle, véhiculent de violentes attaques anti-israéliennes souvent nourries des plus odieuses productions de l'antisémitisme occidental. Aussi pour leurs populations, accablées par les difficultés économiques et sociales, Israël est-il un exutoire commode de leurs frustrations et de leurs rancœurs, ce qu'encouragent les mouvements islamistes qui jouent sur l'ancestrale « discorde » entre Arabes et Juifs[1] et comptent de cette manière déstabiliser un peu plus les autorités en place et leur ravir le pouvoir.

Les représentations dans les États de la périphérie : la Turquie, l'Iran, l'Arabie Saoudite et les États du Golfe

Ils appartiennent tous à l'*Oumma,* la communauté des croyants musulmans, travaillée, comme on le sait, par les mouvements islamistes que certains d'entre eux (Iran, Arabie Saoudite) encouragent et financent. Or, ces courants exploitent l'affrontement au Proche-Orient comme l'exemple même du combat plus vaste que mènerait l'Occident contre l'Islam. Si les populations sont fortement marquées par cette représentation du conflit israélo-arabe, leurs dirigeants ne peuvent pas l'endosser entièrement car ils doivent intégrer dans la leur des paramètres stratégiques obligés. Aussi leur posture est-elle rendue délicate par le risque, qu'ils doivent sans cesse soupeser, de se couper de leur peuple. Ainsi, la monarchie saoudienne, en raison de son alliance avec les États-Unis, et la République islamique d'Iran, fragilisée par l'intervention américaine en Irak, doivent-ils éviter d'afficher des positions radicalement anti-israéliennes et modérer leur soutien aux mouvements islamistes qu'ils ont pourtant contribué à développer. Mais, ils s'exposent en même temps à la

1. Voir Michel Abitbol, *Le passé d'une discorde. Juifs et Arabes du VIIe siècle à nos jours,* Paris, Perrin, 1999.

vindicte de ces derniers qui dénoncent, auprès des populations, leur « trahison ». Le cas des Émirats est assez semblable, pris qu'ils sont entre, d'une part, leur désir de complaire au protecteur américain et de développer leurs échanges économiques avec Israël, et d'autre part, la nécessité de ne pas se priver de tout soutien populaire. La situation de la Turquie est encore plus complexe. D'une part, sa population, sensible au message islamiste comme l'ont montré les résultats des élections législatives de novembre 2002 qui ont porté au pouvoir le Parti islamiste AKP, partage les préventions musulmanes à l'égard d'Israël mais, en même temps, pour des raisons identitaires et historiques, ne ressent aucune affinité avec le monde arabe. D'autre part, les représentations des dirigeants, en particulier de ceux, influents, de l'armée, très marquées par l'idéologie kémaliste et ses analogies avec celles du sionisme (modernisme, laïcité, etc.), incorporent des considérations stratégiques qui expliquent que la Turquie ait reconnu l'État d'Israël dès mars 1949 et que les deux pays aient signé des accords de coopération militaire en 1996 et un accord de libre-échange entré en vigueur en 1997. Mais les dirigeants turcs, eux aussi, doivent ménager la sensibilité de leur population et tenter d'éviter que les réflexes de solidarité islamique ne jouent. Aussi, ce qui est bel et bien une alliance est-il entouré d'une grande discrétion, *a fortiori* dans les périodes de forte tension au Proche-Orient.

Chapitre II

LES REPRÉSENTATIONS DES « PUISSANCES » ET DE L'« HYPERPUISSANCE »

Les représentations du Proche-Orient élaborées au XIXe siècle en Europe traduisent la fascination, au sens propre du terme, attrait et répulsion, que cette partie du monde exerce sur elle.

Attrait pour le « berceau de la Civilisation » qui se mue rapidement en appropriation : le Proche-Orient est privé de son histoire pré-islamique, accaparée par l'Europe, et réduit au rôle de réceptacle des lieux de mémoire les plus anciens et les plus sacrés de l'Occident. Intérêt plus trivial de ses dirigeants politiques et de ses forces économiques, dès les Temps modernes, pour le contrôle des routes terrestres et maritimes vers le Moyen et l'Extrême-Orient que sa position stratégique commande et, depuis le début du XXe siècle, pour les richesses énergétiques que son sous-sol renferme.

Répulsion pour un Proche-Orient, qui, dépouillé des pans les plus anciens de son histoire et de sa culture, est perçu à travers sa seule dimension islamique, regardée comme source d'obscurantisme, de despotisme, de fourberie et de violence, comme une menace permanente pour l'Occident et ses valeurs. Ces préjugés sur ces « satanés Arabes »[1] qui « leur coup fait dis-

1. Hergé, *Tintin au pays de l'or noir,* Tournai, Casterman, 1950, p. 16.

paraître sans laisser de traces »[1] loin de s'effacer après l'épisode colonial de l'entre-deux-guerres, vont trouver dans l'hostilité du monde arabe à la création d'Israël de nouvelles raisons de prospérer : sous le choc de la Shoah, les sociétés occidentales endossent les représentations israéliennes du Proche-Orient et restent sourdes aux arguments avancés par la partie arabe. Israël, paré des vertus de l'Occident, fait « fleurir le désert », prospérer la démocratie et résiste courageusement à un ennemi supérieur en nombre qui n'aspire qu'à le détruire ; un ennemi imprévisible mais « providentiellement » handicapé par son incapacité « chronique » à maîtriser les instruments de la modernité économique et démocratique. Les commentaires de la presse occidentale après la victoire-éclair d'Israël dans la guerre des Six jours (1967) traduisent bien cette façon de voir.

Mais une évolution des représentations, à laquelle cette guerre et ses conséquences, directes et à plus long terme, ne sont pas étrangères, se fait jour. Elle n'abolit pas les préventions de l'Occident à l'endroit du monde arabe mais traduit de nouvelles approches de sa composante proche-orientale et ceci de manière différente en Europe et aux États-Unis.

En Europe

En Europe, à partir de la fin des années 1960, les leçons de la décolonisation, les débats sur la nation, les identités et le droit des peuples « à disposer d'eux-mêmes », le soutien aux luttes de « libération », avec comme toile de fond l'affrontement des Blocs et la guerre du Vietnam, rendent le discours palestinien, il-

1. *Ibid.,* p. 17.

lustré par les images télévisées des violences dans les Territoires, puis de l'invasion du Liban, plus tard de l'*Intifada*, plus compréhensible par les opinions publiques ; les dirigeants européens réservent à la revendication palestinienne un accueil d'autant plus attentif qu'ils sont, surtout après l'embargo pétrolier de 1973 et la crise économique qui s'ensuivit, soucieux de ménager les susceptibilités arabes.

Certes, la guerre civile libanaise qui débute en avril 1975, l'intervention syrienne pour tenter d'y mettre fin en juin 1976, les convulsions de la révolution iranienne (février 1979), l'assassinat du président égyptien Sadate (6 octobre 1981), la guerre Irak-Iran (septembre 1980 - août 1988), l'invasion du Koweit (août 1990), la répression féroce des insurrections chiites et kurdes par l'armée irakienne (mars 1991), confortent le stéréotype d'un Proche-Orient imprévisible, instable, violent et cruel. Mais le conflit israélo-palestinien paraît, lui, relever de représentations moins monolithiques et même contradictoires. La « cause » palestinienne éveille des sympathies que le monde arabe, sauf dans le cercle restreint des arabisants, n'avait jamais suscitées. Cette évolution des représentations, condamnée et combattue par les relais d'opinion d'Israël en Europe, est prise en compte par les diplomaties au niveau des États comme à celui des instances européennes. Elles la jugent conforme aux valeurs que ces États, individuellement ou collectivement, prétendent incarner. Elles la considèrent apte, compte tenu de la position arrêtée par les États-Unis en 1967, à servir leurs desseins économiques et culturels dans la région, les pays arabes et le monde musulman en général. C'est pourquoi s'impose progressivement en Europe, à partir des années 1970, l'idée d'un État palestinien souverain sur la Cisjordanie et la bande de Gaza avec Jérusalem-Est pour capitale. Et dans ce cadre, l'OLP de Yasser Arafat est considéré, surtout après que ce dernier eut reconnu l'État d'Israël à l'assemblée générale des Nations Unies (Genève, décembre 1988) et déclaré « caduque » la Charte palestinienne appelant à la destruction de l'État d'Israël (Paris, mai 1989), comme le représentant légitime des Palestiniens. Les accords d'Oslo allant dans le sens souhaité par les Européens, ceux-ci acceptent de financer, via l'Union européenne, la nouvelle Autorité palestinienne. La reprise des violences et la paralysie du processus de paix n'ont pas modifié fondamentalement les représentations européennes de l'avenir du Proche-Orient. Les Européens reportent leurs espoirs sur la « feuille de route » élaborée par le « quartet » (ONU, États-Unis, Russie et Union européenne) et acceptée par les Palestiniens et les Israéliens au printemps 2003. Cependant, si les Européens ont une vision commune de l'objectif à atteindre – un État palestinien viable – pour parvenir à un Proche-Orient pacifié, ils sont divisés sur le rôle respectif que doivent jouer au Proche-Orient, les Nations Unies, les États-Unis et eux-mêmes pour y parvenir. Les prodromes de la guerre en Irak (2003) l'ont crûment montré.

Aux États-Unis

Aux États-Unis, l'évolution des représentations du Proche-Orient, sans être diamétralement opposée à celle des principaux États européens, en diffère sensiblement. Certes, à partir du moment où, au début du XXe siècle, l'Amérique, devenue la première puissance économique mondiale, est conduite à jouer un rôle sur la scène internationale, elle aborde le Proche-Orient avec les mêmes préjugés et les mêmes convoitises que les Européens. Même si l'Amérique se sait jouir d'un crédit supérieur dans la région dû, en partie, à la popularité qu'y rencontrent les positions du président Wilson[1], elle n'aspire qu'à tirer profit des ressources pétrolières sans contester ouvertement la prééminence du Royaume-Uni et de la France au Proche-Orient. Mais, après 1945, les besoins croissants de l'Amérique en énergie, sa rivalité planétaire avec l'autre superpuissance issue de la Seconde Guerre mondiale, puis, après la disparition de l'URSS, son statut d'« hyperpuissance » lui font regarder cette région comme le terrain d'enjeux cruciaux pour établir puis maintenir sa suprématie mondiale. Ceci modifie sur un premier point sa représentation du Proche-Orient par rapport à celle des Européens : ses alliés, les Britanniques et les Français au premier chef, n'y sont plus en droit de conduire une politique qui ne serait pas subordonnée à la leur : l'attitude des États-Unis dans la crise du canal de Suez en est la première mais éloquente illustration. Sur ce point, la position américaine ne variera pas : l'Europe peut et doit accompagner, par exemple financièrement, la politique américaine au Proche-Orient mais elle ne saurait prétendre s'en distinguer ni même tenter de vouloir l'influencer. La violence de la réaction américaine aux positions, divergentes des siennes, défendues, en Europe, par la France et l'Allemagne, à propos de l'Irak en 2003, le prouve sans ambiguïté. La seconde différence entre la représentation américaine et celle de l'Europe découle de la décision prise par les États-

1. Qu'il expose au Congrès le 8 janvier 1918 sous la forme de quatorze points dont la fin de la diplomatie secrète, le règlement juste des questions coloniales et la création d'une Société des Nations.

Unis, après la guerre des Six jours, de soutenir de manière quasi inconditionnelle Israël, en lui accordant une aide financière annuelle qui s'élevait en 2003 à trois milliards de dollars, en lui fournissant ses armes les plus sophistiquées et en usant de son droit de veto au Conseil de sécurité de l'ONU, chaque fois qu'un projet de résolution lui a paru mettre en cause le rapport de force établi au Proche-Orient. Cette décision prise, pour des raisons qui dépassent largement le cadre de la région, a été maintenue, alors que ses premiers motifs, liés à la rivalité Est-Ouest, avaient disparu, notamment grâce à l'activisme de plus en plus efficace des milieux pro-israéliens aux États-Unis : la nombreuse et influente communauté juive américaine majoritairement ralliée à la cause sioniste, mais aussi les milieux fondamentalistes protestants, tout aussi ardents à défendre les intérêts d'Israël et à relayer son point de vue sur l'organisation future du Proche-Orient.

Cette représentation place désormais Israël au cœur des préoccupations américaines, comme en témoigne la place que lui accordent les médias d'outre-Atlantique. Elle fait de l'État juif, le partenaire privilégié des États-Unis au Proche-Orient. Mais elle met ses derniers dans une position compliquée par le fait que l'avenir de l'État d'Israël n'est pas leur seul enjeu au Proche-Orient et qu'ils doivent aussi donner des gages à leurs alliés arabes, traditionnels ou plus récents, et au-delà, compte tenu de la portée symbolique de ce conflit, à tout le monde musulman, de leur volonté d'une paix « juste et équilibrée ».

Ils s'en accommodent néanmoins, sachant très bien que, depuis la disparition de l'URSS, ils sont au Proche-Orient les maîtres du jeu : leur puissance économique, leur écrasante suprématie militaire et les divisions qui en résultent au sein du monde arabe, en Europe et dans le reste du monde, sur la posture à adopter à l'endroit de leur hégémonie, leur fournissent les moyens de décider seuls du rythme et des formes de la résolution des conflits au Proche-Orient.

En Russie et en Chine

Les autres puissances susceptibles de faire entendre leur différence, la Russie et la Chine, ont tenté et parfois réussi à jouer naguère un rôle actif dans la région. Aujourd'hui, elles sont conduites, bien qu'elles mesurent autant que par le passé l'importance stratégique du Proche-Orient, à jouer les seconds rôles.

DEUXIÈME PARTIE

UN ESPACE « SURPOLITISÉ »

Chapitre I

L'ÉLABORATION DES STRUCTURES POLITIQUES DE L'ESPACE PROCHE-ORIENTAL

Un espace de contact

Comme nous l'avons souligné dans l'introduction, le Proche-Orient n'a pas d'unité physique : toutes les formes de relief, plaines littorales et fluviales, plateaux, collines et montagnes, y sont juxtaposées. Ce qui fait sa cohérence, et selon les moments de l'Histoire sa prospérité ou son malheur, est sa position entre l'Orient et l'Occident.

Les massifs montagneux se localisent premièrement, en prolongements du Taurus turc et du Zagros iranien, sur les confins nord-est de la région, dans ce qui est aujourd'hui le Kurdistan irakien où ils culminent à 3 607 m. Un deuxième ensemble montagneux borde, en plis parallèles, le littoral méditerranéen ; il est coupé de vallées fortement encaissées qui dévalent vers la mer et vers l'intérieur ; des points les plus hauts du mont Liban (3 083 m au

Kornet es Saouda) et de l'Anti-Liban (2 464 m et 2 814 m au mont Hermon qui le prolonge au sud), il s'abaisse vers le nord dans le Djebel Ansarieh (1 562 m) et vers le sud, après l'ensellement du Litani, dans les monts de Galilée, puis de Judée à l'ouest, et dans les plateaux de Transjordanie à l'est. Cet ensemble est prolongé encore plus au sud par le massif du Sinaï (2 637 m au Djebel Katherina) auquel se rattachent, du point de vue géologique, les montagnes de l'Est égyptien (2 187 m). Au milieu de cet ensemble court, du sud au nord, un ensemble de profonds fossés d'effondrement, prolongement du rift de la mer Rouge : golfe d'Aqaba, dépression du Wadi Araba, mer Morte (393 m sous le niveau de la mer), vallée du Jourdain, plaine de la Bekaa et Gaab syrien ; l'activité sismique des failles bordières, toujours sensible aujourd'hui, s'est accompagnée au Tertiaire d'épanchements volcaniques (plateau du Golan) et vaut à la région des sources thermales réputées depuis l'Antiquité. Ces massifs et les plateaux qui les prolongent en Syrie et en Jordanie encadrent les plaines littorales et fluviales.

La plaine côtière méditerranéenne est un étroit liseré, marécageux à l'état naturel, bordé de dunes, parfois interrompu par des éperons rocheux, compartiments des hauteurs de l'arrière-pays montagneux ; la plaine littorale ne s'épanouit vraiment que dans le delta du Nil que prolonge à l'ouest une plaine désertique parsemée de dépressions. Les plaines fluviales se composent de deux ensembles principaux : l'étroite vallée du Nil et la large plaine mésopotamienne drainée par le Tigre et l'Euphrate. De cette diversité de la topographie, on retiendra toutefois, pour notre propos, qu'elle offre des voies naturelles de circulation nord-sud, par la plaine littorale et par les fossés d'effondrement de l'intérieur, voies qui relient l'Afrique à l'Eurasie et celles, ouest-est, qui mettent les abris côtiers méditerranéens en communication, par des vallées profondes, aisées à contrôler, avec les plateaux et les plaines qui conduisent vers l'Asie. Le croisement de ces axes ajoute à l'importance stratégique de l'espace proche-oriental.

Le Proche-Orient n'a pas non plus d'unité climatique. Certes, il appartient au vaste ensemble des régions semi-arides et partout l'été est caractérisé par une sécheresse et un ensoleillement persistants ; mais le relief, la latitude et la proximité ou non de la Méditerranée introduisent de forts contrastes de température et de pluviométrie. Le climat méditerranéen du littoral et des premiers reliefs fait place plus à l'est et au sud aux climats torrides avec des températures qui, en altitude et dans les régions désertiques, varient considérablement entre le jour et la nuit. Le régime des précipitations est influencé par les mêmes facteurs : le versant occidental du mont Liban reçoit environ 1 300 mm par an, Beyrouth 900 mm, Ashqelon encore 420 mm mais en allant vers le sud et vers l'est l'aridité est grandissante : Pétra, la célèbre cité nabatéenne, ne reçoit que 150 mm, Damas, 266 mm et Bagdad, 225 mm avec de forts écarts (de 1 à 5) d'une année sur l'autre. Ce qui a permis à l'homme de s'affranchir de cette contrainte est la présence de rivières et fleuves pérennes nés du « château d'eau libanais » comme le Jourdain et sa retenue naturelle du lac de Tibériade ou exogènes, dons des périphéries montagneuses humides, comme le Nil, l'Euphrate et le Tigre qui donnent aux hommes cette eau que le ciel leur refuse. On comprend donc pourquoi le Proche-Orient a été très tôt peuplé et très tôt disputé.

Un espace disputé

Foyer originel de la « révolution néolithique » qui y déploie ses différents aspects entre 10000 et 6000 avant J.-C., le Proche-Orient, en raison de ses contrastes topographiques et climatiques, la met en œuvre d'une manière duale qui n'a pas complètement disparu de nos jours : dans les plaines et le long des fleuves, par l'agriculture et l'élevage pratiqués par des paysans sédentaires ; dans les zones semi-arides, par l'élevage extensif auquel se livrent des populations qui nomadisent entre les hauteurs arrosées et herbeuses, l'hiver, et les points d'eau des fonds de vallée, l'été. Depuis toujours, comme le montre l'épisode biblique de Caïn et Abel, et jusqu'à une époque récente, cette coexistence fut loin d'être pacifique. Les sédentaires craignaient les nomades, surtout ceux qui arrivaient régulièrement des périphéries désertiques comme la péninsule Arabique, cavaliers redoutés qui se livraient à la *razzia* pour piller les récoltes et s'emparer des troupeaux. À cette dispute ancestrale de l'espace, s'ajoutèrent celles que provoqua l'invention, par les sédentaires, des premiers « États », nés du besoin collectif d'organiser la production (irrigation, stockage des récoltes, etc.) et d'en protéger les acteurs et les fruits.

Ces « États », les premiers de l'Histoire, apparaissent sous forme de cités-États ; de ces dernières, naissent par agrégation ou par conquête, les royaumes et les empires qui se disputent dès la haute Antiquité la suprématie régionale : Empire égyptien, Empire assyrien, royaume de Babylone, Empire Hittite (d'origine anatolienne), Empire mitannien, tandis que des groupes arrivent par vagues successives du nord (Hourrites), de l'est (Aryens, Mèdes) de la péninsule Arabique (Amorrites, Araméens, Chaldéens) et de la mer méditerranéenne (« peuples de la mer », Philistins qui donneront leur nom à la Palestine) qui s'y intègrent ou tentent, comme les Hébreux, de s'y tailler un territoire. Le Proche-Orient est aussi un foyer précoce d'invention et de réflexion que sa position de contact féconde. La roue y est inventée, dans le sud de la Mésopotamie, vers 3500 avant J.-C. ; l'écriture y naît, aussi en Mésopotamie, vers 3400 avant J.-C. et en Égypte vers 3200 avant J.-C. ; l'alphabet s'y impose, avec celui mis au point en Phénicie, vers 1100 avant J.-C. ; le droit y fait ses premiers pas avec, comme plus célèbre, sinon plus ancienne illustration, le « code » d'Hammourabi (vers 1760 avant J.-C.) ; sur le plan religieux, apparaissent les dieux nationaux et s'élabore, dans ce contexte, le monothéisme.

Les Hébreux. – Ceux-ci, les premiers à s'y adonner, forts de la promesse de leur divinité, après les épisodes bibliques de la sortie d'Égypte, vers 1300 avant J.-C., et de l'Exode, entreprennent la conquête de la *Terre promise* : le pays de Canaan « où coulent le lait et le miel ». Leurs rois, David, qui règne de 1000 à 970 avant J.-C., puis son fils Salomon, sur le trône de 970 à 928 avant J.-C., établissent Jérusalem comme capitale et centre cultuel – le fameux Temple de Salomon –, d'Israël. Autant d'événements fondateurs de l'identité juive, invoqués, encore aujourd'hui, en Israël par ceux qui entendent légitimer, au nom de la promesse divine, leur revendication du Grand Israël de la mer au Jourdain.

L'âge des empires. – Théâtre de conflits incessants, qui conduisent notamment à la prise de Jérusalem par l'armée de Nabuchodonosor, à la destruction du

Temple et à la déportation des Juifs à Babylone (588 avant J.-C.), autres éléments importants de la mémoire collective juive, le Proche-Orient change de statut « géopolitique », en 539 avant J.-C., avec la prise de Babylone par Cyrus le Grand : il n'est plus seulement un enjeu pour des dynasties autochtones mais aussi pour des empires périphériques ; cette situation va se perpétuer jusqu'à nos jours. Aux Perses achéménides, qui ont autorisé les Juifs à retourner dans leur pays et à rebâtir le Temple, succèdent, après les conquêtes d'Alexandre (333-330 avant J.-C.), les Grecs, Lagides en Égypte, Séleucides en Asie Mineure ; à ces derniers, seuls continuent de résister, comme ils l'avaient fait face à Alexandre, les Nabatéens qui, de leur repaire de Pétra, en Transjordanie, organisent le lucratif commerce de la myrrhe et de l'encens. Partout ailleurs, le Proche-Orient appartient désormais au monde « hellénistique », ses élites adoptent la langue grecque et ses villes, dont des dizaines ont alors été créées, au premier rang desquelles Alexandrie, contribuent brillamment au rayonnement de la culture grecque même si la région sert aussi de terrain aux guerres incessantes que se livrent Lagides et Séleucides. Ces derniers, affaiblis, doivent accepter, après la révolte juive de 168 avant J.-C., conduite par Judas Macchabée et ses frères, que s'instaure, sous l'autorité des descendants de ceux-ci, les Asmonéens, un royaume juif qui, au maximum de son extension, retrouve l'étendue de celui de Salomon. Cet épisode qui dure jusqu'à l'arrivée des Romains, l'exécution d'Antigone, dernier roi Asmonéen (37 avant J.-C.) et la prise du pouvoir, avec l'appui de l'occupant, par Hérode l'Iduméen, établit une des références importantes des représentations sionistes, avec celle du royaume de David et de son fils Salomon.

Les Romains, qui entament leur conquête du Proche-Orient en 64-63 avant J.-C., ouvrent à ce dernier de nouveaux horizons. L'empire accorde à ses provinces d'Orient un soin particulièrement attentif. Il veille à les protéger des attaques répétées des Parthes puis des Perses, à augmenter leur production par des défrichements et l'extension des oliveraies et des vignobles, à développer leur commerce, à étendre et entretenir leur réseau routier et à embellir leurs villes (théâtres, thermes, fontaines, etc.). L'époque romaine est aussi marquée, en Palestine, par des événements, mineurs pour les contemporains romains, mais majeurs pour l'avenir du Proche-Orient et pour expliquer ses représentations locales et mondiales actuelles : les révoltes juives, d'une part, et la naissance du christianisme, d'autre part.

Les révoltes juives. – La Grande révolte juive qui débute en 66 de notre ère est matée par Titus, fils de l'empereur Vespasien, en 70 : Jérusalem est prise, le Temple est détruit et les révoltés qui ont survécu aux massacres, sont réduits en esclavage. Cet épisode marque fortement la mémoire juive et le prolongement de celui-ci – le choix des assiégés de Massada qui résistent, dans leur citadelle dominant la mer Morte, aux Romains jusqu'en 73, de se suicider plutôt que de se rendre –, est devenu pour les Israéliens le symbole de leur détermination à lutter jusqu'à la mort pour triompher de l'« encerclement » : « Massada ne succombera pas une seconde fois » viennent y jurer chaque année les jeunes recrues de l'arme blindée israélienne.

L'écrasement de la seconde révolte juive (132-135) est suivi de persécutions religieuses : le nom de Jérusalem est effacé, la ville est renommée Colonia Aelia

Capitolina et les circoncis y sont interdits de séjour. Les Juifs de Palestine qui ont survécu au massacre, rejoignent, à quelques exceptions près, les communautés de la Diaspora établies dans le reste du Proche-Orient ou sur le pourtour de la Méditerranée. Ils forment alors une importante communauté numérique (environ 8 millions d'individus sur les 70 que comptait l'Empire romain) qui, année après année, récitera la formule liturgique, en forme d'espoir, de « l'an prochain à Jérusalem ». Cette espérance est restée suffisamment forte dans beaucoup de communautés, près de deux mille ans plus tard, pour que les pionniers du sionisme, pourtant rarement religieux, la revendique parmi les justifications de leur entreprise.

Le climat politique troublé qui caractérise la Palestine des premières décennies de notre ère est entretenu par l'effervescence religieuse qui règne dans les milieux juifs où se multiplient les sectes messianiques et prophétiques.

Le christianisme. – C'est dans ce contexte particulier que naît le christianisme. Sa diffusion, d'abord limitée à des communautés orientales et méditerranéennes d'autant plus restreintes qu'elles sont persécutées, se généralise, sur fond de déclin de l'Empire romain, après l'édit de Milan, pris par l'empereur Constantin en 313, qui autorise les chrétiens à pratiquer librement leur culte, et plus encore après la décision de l'empereur Théodose Ier le Grand d'instituer le christianisme, religion d'État en 380.

Les conditions et les formes de l'expansion de la foi nouvelle ont puissamment contribué, sur le long terme, à façonner les représentations, locales et extérieures, du Proche-Orient et ceci de trois manières.

Comme seuls les Juifs résistent à la christianisation massive qui résulte des décisions de Constantin et de Théodose le Grand, elles fondent une incompréhension bimillénaire.

Par sa diffusion en Occident, le christianisme sacralise, en même temps qu'il les rend familiers, les sites de la vie et de la prédication de Jésus au regard des populations européennes converties. Le Proche-Orient devient ainsi la *Terre sainte* appropriée des représentations occidentales.

Le poids que prennent Rome et Byzance (où, devenue Constantinople, l'empereur Constantin a déplacé sa capitale en 324) génère des conflits d'autorité ou théologiques avec les Églises du Proche-Orient, à l'origine de la mosaïque confessionnelle qui caractérise le christianisme proche-oriental jusqu'à nos jours.

La conquête arabe et l'islam. – L'irruption de l'islam va bouleverser durablement les données politiques et religieuses au Proche-Orient. Porteurs de la foi nouvelle, les guerriers arabes remportent, du vivant du prophète Mahomet, une première bataille contre les Byzantins près de Karak (Jordanie actuelle) en 629, mais c'est la défaite de l'armée impériale sur le Yarmouk (rivière frontalière entre la Syrie et la Jordanie actuelles), en 636, quatre ans après la disparition du Prophète, qui ouvre aux Arabes les portes du Proche-Orient dont ils achèvent la conquête en 646.

Ali, gendre et cousin de Mahomet, quatrième calife (chef de la communauté musulmane), est assassiné en 661, après avoir vu son califat contesté par le gouverneur de Syrie, Muawiya. Ceci entraîne, pour le Proche-Orient, deux conséquences importantes : sur le plan religieux, la sécession chiite des partisans d'Ali complique un peu plus la donne régionale puisque le chiisme s'implante durablement dans le centre et le sud de la Mésopotamie autour de ses lieux saints (Nadjaf et Karbala) et se répand ailleurs au Proche-Orient notamment dans le Sud-Liban. Sur le plan politique, la fondation par Muawiya de la dynastie des Omeyyades, avec pour capitale Damas, place désormais le Proche-Orient au cœur du califat ; la Syrie, la Palestine et la Jordanie actuelles se couvrent de mosquées et de palais admirables qui témoignent de ce rôle central ; langue de la Révélation, l'arabe devient aussi une langue de culture et de communication. Le Proche-Orient devient arabe.

En 750, la dynastie des Omeyyades est renversée par Abbas, un descendant d'un des oncles de Mahomet. Il choisit de déplacer en Mésopotamie la capitale de l'empire et fonde Bagdad en 765. La période abbasside donne au Proche-Orient actuel l'un de ses traits caractéristiques : elle voit en effet se produire l'islamisation des populations à laquelle les Omeyyades, plus par opportunité que par manque de conviction, avaient renoncé. Le Proche-Orient devient musulman.

Toutefois, les chrétiens ne disparaissent pas complètement : ils se maintiennent en nombre dans des zones-refuges comme la montagne libanaise et en petites communautés urbaines ou rurales, ailleurs ; comme partout dans les empires musulmans, ils sont *dhimmi* (protégés) en vertu du statut qu'accorde l'islam aux « peuples du Livre » (Juifs, chrétiens et zoroastriens), autorisés à demeurer en terre d'Islam, à y pratiquer leur culte et à gérer selon leur droit les affaires privées (mariage, succession, etc.) mais contraints à des contreparties qui révèlent leur infériorité : paiement d'un impôt spécifique, port de signes vestimentaires distinctifs, interdiction d'ériger des édifices religieux plus élevés que ceux des musulmans ou d'utiliser le cheval comme monture.

Les Juifs résistent mieux, au Proche-Orient comme dans le reste des empires musulmans, à l'islamisation : minoritaires, dispersés dans tout l'empire, ayant donné des gages de loyauté aux nouveaux maîtres dès les premiers temps de la conquête arabe, ils ne représentent pas une menace, bien au contraire, pour le pouvoir musulman ; leur conversion n'est donc pas pour ce dernier un enjeu prioritaire ; la solidité des structures communautaires et leur vigueur théologique font le reste. Mieux, avec un statut de *dhimmi* qui ne leur est pas toujours appliqué, la langue arabe adoptée, ils occupent à la Cour, dans le commerce, les sciences et les arts, les positions les plus hautes. Cet « âge d'or » jette les bases d'une brillante et durable culture judéo-arabe. Or l'islam a, depuis ses origines, un « contentieux » théologique avec le judaïsme, inspirateur délégitimé de la foi coranique. Ainsi prend forme alors cette représentation ambiguë du Juif dans le monde arabe et, au-delà, dans le monde musulman : admiré pour sa science et son savoir-faire dans de nombreux domaines, recherché pour ses compétences (médicales, diplomatiques, etc.) mais honni pour n'avoir pas voulu entendre le message du Prophète comme pourtant il l'y invitait prioritairement.

Les croisades. – Dans un Proche-Orient passé sous le contrôle turc, se produit à la fin du XIe siècle un événement à la portée considérable : les croisades. Un élan collectif qui incite des dizaines de milliers d'Européens (les Franj des récits arabes car les « Francs » du Royaume de France sont les plus nombreux) à se rendre et combattre en Orient, et pour une partie d'entre eux à s'y installer, pendant deux siècles, du départ de la première croisade en août 1096 à l'évacuation du Château Pèlerin (sur la côte méditerranéenne au sud de Haïfa), en août 1291, après la prise de Saint-Jean-d'Acre.

Comme le souligne fort bien Amin Maalouf[1], les croisades ont eu des répercussions très fortes mais très différentes sur l'Orient arabe et sur l'Occident.

Le long contact de celui-ci avec une civilisation, qui lui était supérieure dans la plupart des domaines, a stimulé sa curiosité intellectuelle : les croisés qui se fixent sur place, apprennent l'arabe, s'intéressent à la culture, aux pratiques et aux coutumes locales ; ils en adoptent même certaines, par exemple vestimentaires. L'Occident effectue de nombreux emprunts scientifiques et techniques ; ce dont son vocabulaire témoigne. Les nombreux récits qui rapportent les croisades, déposent dans la mémoire collective occidentale des images tenaces jusqu'à nos jours ; celles d'un Orient attirant par sa beauté, son raffinement et ses richesses, troublant par ses mœurs singulières comme la polygamie et surtout menaçant par son ardeur guerrière dont témoigne la déconfiture des croisés et que les conquêtes ottomanes en Europe et la prise de Constantinople (1453) confirment.

Pour le Proche-Orient, les conséquences des croisades sont bien différentes. Celui-ci, loin de s'ouvrir à ce que pourtant ces chroniqueurs relèvent comme positif dans la société franque comme, par exemple, les droits qui limitent le pouvoir du roi, se refuse au contact et à l'emprunt. La stagnation économique et culturelle qui suit, pour de longs siècles, les croisades, sans que ces dernières en soient la cause, installe l'Orient devenu

1. Amin Maalouf, *Les croisades vues par les Arabes,* Paris, Jean-Claude Lattès, 1983.

immobile, dans une posture qu'il n'a pas complètement abandonnée aujourd'hui : « À la fois fasciné et effrayé par ces Franj qu'il a connu barbares, qu'il a vaincus mais qui, depuis, ont réussi à dominer la Terre, le monde arabe ne peut se résoudre à considérer les croisades comme un simple épisode d'un passé révolu (...) les responsables politiques et religieux du monde arabe se réfèrent constamment à Saladin, à la chute de Jérusalem et à sa reprise. Israël est assimilé dans l'acceptation populaire comme dans certains discours officiels, à un nouvel État croisé. »[1] S'est ainsi sédimentée dans la mémoire collective arabe, puis dans celle de l'ensemble du monde musulman, cette vision des croisades comme celle d'un viol originel de l'Orient par l'Occident. Cette perception se retrouve dans les représentations arabes et musulmanes contemporaines : les croisades marqueraient la première étape d'une longue agression dont elles sont emblématiques.

Sous le règne de la dynastie des Mamelouks, victorieuse des croisés en Terre sainte, le Proche-Orient entre dans une longue période de décadence : ses villes se dépeuplent, les populations retournent au nomadisme, les pillages des villages et des caravanes par les tribus bédouines redoublent, la peste y est endémique.

Les Ottomans. – À partir de 1516, le Proche-Orient est conquis par les Ottomans qui y régneront quatre siècles. Mais, pour ces derniers, les enjeux stratégiques sont ailleurs, en Europe et en Méditerranée, à l'exception de la route du Hedjaz qui conduit aux lieux saints de La Mecque et qu'ils s'emploient épisodiquement à défendre contre les razzia bédouines.

1. Amin Maalouf, *op. cit.*

Aussi le Proche-Orient, après une reprise démographique au XVIe siècle, s'enfonce-t-il, un peu plus, dans l'apathie.

Toutefois, une décision du sultan Soliman le Magnifique, qui règne de 1521 à 1566, est lourde de conséquences pour l'avenir de la région car elle y introduit durablement l'influence des puissances montantes européennes. En effet, en 1528, le sultan accorde, par ce que nous avons coutume d'appeler des « capitulations », des avantages au commerce des sujets du roi de France à Alexandrie, concession qu'il étend en 1569 aux échelles (au sens d'escales) du Levant et aux ports de l'Anatolie. Les mêmes prérogatives sont consentis aux Anglais en 1579 et aux Hollandais en 1612. Au fur et à mesure de leur renouvellement, les capitulations augmentent les privilèges consentis aux négociants européens installés à Alep, Tripoli, Beyrouth, Saïda et Alexandrie, en leur accordant, outre des exemptions douanières, un statut privilégié : placés sous la protection de leur consul, représentant de l'État bénéficiaire de capitulations, ils jouissent d'une quasi-immunité. Dans le cas de la France, la protection s'étend à tous les Latins (chrétiens relevant de Rome) de l'Empire ottoman.

Si ces capitulations permettent un accroissement des échanges entre le Proche-Orient et l'Europe, elles vont aussi, compte tenu du différentiel de croissance économique entre ces deux régions, contribuer à accentuer continûment l'influence occidentale au Proche-Orient.

Ainsi, de la plus haute Antiquité jusqu'à l'aube de l'époque contemporaine, se sont succédé des événements qui ont durablement marqué la mémoire collective de toutes les parties aux conflits actuels du Proche-Orient, chacune d'entre elles sélectionnant, réinterprétant, surévaluant ou minorant tel ou tel épisode pour justifier, y compris à ses propres yeux, ses positions, ses revendications et ses actions présentes sur le théâtre proche-oriental. Mais c'est au XIXe siècle et dans les vingt premières années du XXe que naissent les enjeux et apparaissent les acteurs qui, tout en apportant de nouveaux éléments aux mémoires collectives, donnent au Proche-Orient sa dimension géopolitique actuelle.

Un espace convoité : de la Campagne d'Égypte à 1914

La Révolution industrielle, qui débute en Grande-Bretagne dans le dernier tiers du XVIIIe siècle, se propage en France dès le début du XIXe et, de proche en proche, se répand, tout au long du siècle, partout où elle trouve sur le continent (mais aussi en Amérique) les ressources naturelles, humaines et financières indispensables à sa mise en œuvre. Provoquant une forte croissance de la production industrielle, elle exige de ses bénéficiaires qu'ils conquièrent de nouveaux marchés. Or elle procure, pour cela, aux pays qu'elle touche, des moyens nouveaux et sans cesse croissants de puissance financière et militaire. Mais la Révolution industrielle a aussi des conséquences sociales et culturelles : ses effets combinés à ceux qu'ont produits les guerres révolutionnaires et celles de l'empire fortifient ou font naître en Europe des constructions étatiques qui exploitent un passé, réel ou mythique, pour légitimer leurs ambitions géopolitiques nouvelles : l'État-nation fournit ainsi les alibis idéologiques aux appétits de conquête que la nouvelle donne économique suscite. Parmi ces prétextes, celui de la supériorité de l'Europe, que chacun de ces États-nations entend, bien sûr, incarner mieux que les autres, occupe, pour notre sujet, une place privilégiée : ses progrès scientifiques, techniques et économiques imposeraient à l'Europe d'apporter au reste du monde la « civilisation ».

Et d'abord à cet Orient dans lequel artistes et écrivains européens puisent depuis longtemps leur inspiration, et que les relations de la campagne d'Égypte, puis celles du « voyage en Orient » que pratiquent nombre d'écrivains et de peintres, mettent durablement à la mode sur le thème de l'Orient « immobile » : paysages immuables depuis l'Antiquité, lieux somptueux des premiers pas de la « Civilisation » mais temps arrêté, voire régressif, depuis lors : « ... dans cet Orient d'où sont sortis tous les arts, toutes les sciences, toutes les religions (...) tout indique chez l'Arabe l'homme civilisé retombé dans l'état sauvage. »[1] Là, chacun se veut le protecteur des communautés auquel il s'identifie, le gardien des Lieux saints du christianisme, le premier à découvrir de nouvelles traces archéologiques ou manuscrites de ce que Jean Bottero[2] appellera « la lointaine naissance de notre Occident » pour les transporter dans ses musées.

Mais il est vrai, comme on s'en doute, que des soucis plus prosaïques expliquent l'intérêt grandissant des puissances européennes pour le Proche-Orient. Il offre des débouchés à la production d'autant plus faciles à obtenir que, par le système des capitulations, ceux qui en bénéficient (principalement la France et la Grande-Bretagne) jouissent d'un accès privilégié aux marchés du Proche-Orient mais aussi aux matières premières que ce dernier peut leur fournir et dont ils ont un be-

1. Chateaubriand, *Itinéraire de Paris à Jérusalem.*
2. Jean Bottero, *Mésopotamie,* Paris, Gallimard, 1987.

soin croissant, comme le coton, le tabac, les agrumes et surtout, après les premières découvertes en Mésopotamie et sur le pourtour du golfe Arabo-Persique, le pétrole. Enfin, il occupe une position clé sur la route des Indes et de l'Extrême-Orient que l'ouverture du canal de Suez (1869) renforce. La Grande-Bretagne, avec son empire des Indes, n'est bientôt plus la seule concernée : les autres puissances européennes ont des appétits coloniaux en Asie. Si toutes ont une ambition commune – jouer un rôle au Proche-Orient et, si possible, y prendre pied –, elles n'ont pas toutes les mêmes capacités pour y parvenir.

La Grande-Bretagne. – La première puissance industrielle et marchande mondiale, est, par la suprématie de sa marine de guerre, maîtresse des mers ; elle contrôle l'axe méditerranéen dont elle a méthodiquement acquis les passages stratégiques : Gibraltar, occupé depuis 1704, Malte, qui devient britannique en 1814, Chypre, qui lui est cédée par la Sublime Porte en 1878.

L'ouverture du canal de Suez, au creusement duquel elle s'était d'abord opposée de crainte de voir la France, à l'origine du projet et de son financement, déjà fortement implantée en Égypte, contrôler ce nouveau passage, crucial, vers son empire des Indes, conduit la Grande-Bretagne à se raviser en se portant acquéreur, aux côtés des Français, de près de la moitié du capital de la Compagnie du canal (1875), à poursuivre son implantation cette fois au débouché de la mer Rouge, où elle avait pris pied dès 1839 à Aden, en Somalie (1887) et dans le golfe Arabo-Persique (protectorat sur le Koweit en 1899, avec des frontières fixées en 1913 qui lui donnent la part belle du littoral au détriment de ce qui est encore l'Empire ottoman) et à établir son autorité sur l'Égypte, occupée militairement en 1882.

La France. – La France, deuxième puissance mondiale, qui ne peut rivaliser sur les mers avec la Grande-Bretagne, dispose néanmoins d'atouts la rendant incontournable, au grand dam, jusqu'à l'Entente cordiale (1904), des Britanniques, dans l'Empire ottoman et au Proche-Orient en particulier.

L'abondance de l'épargne en France fait de ses banques, qui privilégient les emprunts d'État, les partenaires obligés de nombreux États dont l'Empire ottoman. Dans ce dernier, aux finances particulièrement délabrées, la Banque ottomane, créée en 1863 à partir de capitaux français et britanniques, devient même en 1881 la banque officielle tout en conservant son statut de société étrangère.

La politique méditerranéenne de la France, outre qu'elle est celle de la principale puissance du Bassin méditerranéen, prend une dimension nouvelle avec la conquête de l'Algérie commencée en 1830 puis avec les protectorats qu'elle établit sur la Tunisie (1883) et sur le Maroc (1912) ; cette politique coloniale et ses prolongements en Afrique noire et en Extrême-Orient en font un observateur attentif, et chaque fois que le rapport des forces avec la Grande-Bretagne le permet, un acteur influent de la scène proche-orientale.

Au Proche-Orient lui-même, la France sait disposer d'atouts spécifiques. Elle maîtrise, grâce à l'ancienneté et à l'efficacité de ses échelles, le gros de son commerce. Elle s'est acquis la confiance de la plupart des milieux chrétiens, en pleine expansion démographique, en particulier celle des maronites du Liban, par la vigilante application de son droit de protection. En obtenant du Sultan, en 1856, après la guerre de

Crimée, la totale émancipation des non-musulmans de son empire et en venant militairement au secours des chrétiens du Liban, après les massacres de 1860, pour faire – déjà – « triompher les droits de la justice et de l'humanité », elle entend montrer aux populations concernées combien cette confiance est justifiée, et à ceux qui veulent la lui disputer (les Russes auprès des orthodoxes, les Anglais ou les Allemands en tentant d'implanter le protestantisme), sa détermination.

Celle-ci est d'autant plus forte que la France dispose, à la fin du siècle, d'un atout maître : celle de la connivence intellectuelle avec les milieux dirigeants du Proche-Orient. Ses missionnaires catholiques, ses mécènes, ses agents diplomatiques et les structures éducatives et médicales qu'ils ont développées, auxquelles sont venues s'ajouter celles de l'Alliance israélite universelle, créée à Paris en 1860 pour apporter, en français, les lumières de la « Raison universelle » aux Juifs « orientaux », font du français, la langue de référence et même de communication des élites politiques, économiques et intellectuelles locales, et de la culture française, à travers les ouvrages de ses philosophes et de ses écrivains, la source de leur inspiration.

Les autres États européens. – Au jeu des deux grandes puissances au Proche-Orient, viennent se mêler d'autres États européens, ce qui achève d'internationaliser la scène proche-orientale. Tous ne sont pas des nouveaux venus.

C'est le cas de la Russie : toujours préoccupée par son accès aux mers libres, elle aspire à prendre le contrôle des Détroits. Aussi cherche-t-elle à acquérir, dans les Balkans orthodoxes que l'Empire ottoman doit progressivement abandonner, des positions stratégiques. Pour cela, il lui faut apparaître comme la puissance protectrice de toute l'Orthodoxie. Le Proche-Orient lui en fournit, croit-elle, le prétexte avec la querelle des Lieux saints. Elle relance celle-ci en 1853 et provoque ainsi la guerre de Crimée que l'alliance turco-franco-anglaise remporte : après le traité de Paris (1856), la Russie reporte ses ambitions sur l'Asie centrale. Mais elle revient à la charge en 1873 : après une guerre, cette fois, victorieuse contre les Turcs, elle obtient au traité de San Stefano (1878) des concessions qui, inquiétant les puissances européennes, seront modérées au Congrès de Berlin, la même année.

L'intérêt de l'Allemagne pour le Proche-Orient, après 1870, est lié à sa volonté d'obtenir « sa place au soleil » comme disait le chancelier Bülow et à sa recherche de débouchés pour son industrie en pleine essor. Contrecarrée dans ses efforts, par la Grande-Bretagne et la France, pour bâtir un empire colonial capable de les lui fournir, elle voit dans l'Empire ottoman, une des rares opportunités qu'elle puisse saisir et dans le Proche-Orient, un terrain géopolitique où affronter ses grands rivaux européens : la Grande-Bretagne, la France et la Russie. *Drang nach Osten :* l'Allemagne entreprend, en 1903, la construction d'un chemin de fer, le Bagdadbahn, prévu pour relier Istanbul au golfe Persique, liaison qui menace ainsi directement la domination britannique sur la route des Indes. Elle participe à la création de la Turkish Petroleum Company qui entame le monopole anglais du pétrole moyen-oriental. Enfin, elle joue à son tour de la portée symbolique de la Terre sainte : le kaiser Guillaume II se rend en Palestine où il est reçu avec faste à Jérusalem (1898) et l'Allemagne dote, elle aussi, la Palestine d'églises, d'hôpitaux, d'institutions éducatives et implante des centres de recherche.

L'Italie a des ambitions impériales plus limitées, compte tenu de sa taille économique, mais réelles pour ce qui touche à la Méditerranée (début de la conquête de la Tripolitaine en 1911 et de celle de la Cyrénaïque en 1912) et à l'Afrique orientale (Érythrée, 1890 ; Somalie, 1905) ; elle est donc amenée à vouloir se faire entendre au Proche-Orient et s'y montrer, elle également, à Jérusalem.

« L'homme malade de l'Europe »[1]. – Les appétits des uns et des autres sont d'autant plus aiguisés que la situation de l'Empire ottoman s'apparente à une lente agonie tout au long du XIXe siècle. Affaibli par ses difficultés financières chroniques, confronté à l'éveil des nationalités dans ses provinces balkaniques et aux ambitions de l'Égypte de Mehmed Ali, soumis aux pressions, aux interventions militaires et aux traités que lui imposent les puissances européennes, *l'homme malade de l'Europe* tente des réformes. Leur échec conduit au retour, en 1878, au pouvoir absolu du Sultan qui fait du panislamisme sa nouvelle ligne politique. La révolution « Jeunes-Turcs » de 1908 déçoit très vite ceux qui, notamment au Proche-Orient, l'avaient accueillie avec enthousiasme : recherchant des soutiens extérieurs, elle choisit celui de l'Allemagne, aux côtés de laquelle elle entre en guerre le 31 octobre 1914 : le sort de l'Empire ottoman est scellé de même que celui du Proche-Orient. Un Proche-Orient travaillé par de nouvelles forces : le sionisme, l'islamisme et l'ara-

1. Formule du prince russe Alexandre Gorchakov, ambassadeur du tsar à San Stefano, à l'occasion du traité russo-turc.

bisme sur fond de débats et de polémiques entre partisans de la modernité occidentale et tenants de la tradition coranique, certains recherchant une synthèse des deux[1].

Le sionisme. – En Palestine, la présence juive est continûment attestée depuis la destruction du second Temple. Mais, au milieu du XIXe siècle, seuls quelques milliers de Juifs (en 1869, Charles Netter, l'un des fondateurs de l'Alliance israélite universelle en estime le nombre à 13 000 et ils seraient 24 000 en 1882 sur une population totale évaluée alors à 470 000 habitants), la plupart religieux, fort pauvres et survivant des subsides que leur adressent leurs coreligionnaires européens, y demeurent, principalement à Jérusalem. De nouvelles populations juives arrivent en Palestine entre 1880 et 1890 ; ce qu'on appellera la première *alya* (« montée » en hébreu) est constituée de quelques milliers de Juifs qui fuient les pogroms déclenchés après l'assassinat du tsar en mars 1881 et qui ont été convaincus de le faire en Palestine par le mouvement présioniste des Amants de Sion.

Ils trouvent sur place le soutien du baron Edmond de Rothschild qui a entrepris de financer des colonies agricoles juives malgré l'opposition des autorités ottomanes à ses projets. L'Alliance israélite universelle leur ouvre les établissements scolaires qu'elle a créés en Palestine, comme son école d'agriculture *Mikveh Israël,* fondée en 1869 sur un vaste domaine près de Jaffa.

Le sionisme politique et la deuxième *alya* (1904-1914) vont donner une vigueur nouvelle à ces premières tentatives. Théodore Herzl (1860-1904), animé d'une force de conviction peu commune, apporte au

1. Voir Guy Sorman, *Les enfants de Rifaa,* Paris, Fayard, 2003.

sionisme ce qui lui manque pour pouvoir espérer rallier à sa cause les communautés juives et retenir l'attention des puissances : les instruments politiques de son développement. Après avoir publié *L'État des Juifs* (1896), il réussit à réunir un premier Congrès sioniste (Bâle, août 1897). Or, ce Congrès, au réel retentissement international et dont Herzl dira, dans son journal, qu'il y a « fondé l'État juif », non seulement dote les différents courants du sionisme d'une structure politique permanente l' « Organisation sioniste » (dont le Congrès est le « parlement » qui lui-même élit un « exécutif sioniste »), mais aussi envisage la création d'organes destinés à encourager l'installation de Juifs en Palestine ; ce que les Congrès suivants rendront effectif : la Banque coloniale juive est lancée en 1899 et surtout le Fonds national juif (le KKL) est constitué en 1901. Ce dernier va se montrer d'une grande utilité quand se produit la deuxième *alya.* Celle-ci, provoquée par une nouvelle flambée des persécutions anti juives dans l'empire tsariste, est surtout, à la différence de la première, composée de jeunes (comme David Grün, le futur David Ben Gourion) qui ont fréquenté les milieux révolutionnaires russes et se revendiquent des idéaux du socialisme et d'un sionisme « sans complexe ». S'appuyant sur l'office de l'Exécutif sioniste en Palestine créé en 1908 et sur le KKL, ils créent les premières exploitations agricoles collectivistes, ancêtres des *Kibboutzim,* les premiers villages coopératifs, les *Mochavim,* exigent le travail « hébreu » des fermiers juifs qui emploient de la main-d'œuvre arabe, lancent des partis politiques, mettent sur pied une milice armée, le *Hashomer,* pour défendre les colonies juives ; la construction *ex nihilo* de Tel-Aviv, jouxtant Jaffa au nord, débute en 1909. C'est qu'à Jaffa justement, principale porte d'entrée de l'immigration juive en Palestine, ont éclaté l'année précédente, sur fond de compétition économique et d'incompréhension culturelle, des violences entre Arabes et Juifs, qui s'ajoutent aux incidents récurrents en milieu rural.

Or, le nationalisme arabe, qui n'avait touché que quelques cercles restreints jusqu'à ce que les répercussions de la révolution jeune-turque le popularise, trouve dans ces incidents de nouveaux motifs à s'affirmer sur un thème déjà exploité par le Maronite Negib Azoury. Celui-ci, très influencé par le nationalisme antisémite de Barrès, écrit, dans l'avant-propos de son célèbre *Réveil de la nation arabe dans l'Asie turque* (Paris, 1905) : « Deux phénomènes importants, de même nature et pourtant opposés, qui n'ont encore attiré l'attention de personne, se manifestent en ce moment dans la Turquie d'Asie : ce sont le réveil de la nation arabe et l'effort latent des Juifs pour reconstituer sur une très large échelle l'ancienne monarchie d'Israël. Ces deux mouvements sont destinés à se combattre continuellement, jusqu'à ce que l'un deux l'emporte sur l'autre. Du résultat final de cette lutte entre ces deux peuples représentant deux principes contraires, dépendra le sort du monde entier. Ce n'est pas la première fois, du reste, que les intérêts de l'Europe dans la Méditerranée sont agités dans les pays arabes ; car ce territoire, qui met en communication trois continents et trois mers, a été, à des époques différentes, la scène où se sont déroulés des événements politiques ou religieux qui ont renversé le cours des destinées de l'univers. »[1] En fait, cette réaction illustre, à la fois, l'influence des idées occidentales et le

1. Cité par Henry Laurens, *L'Orient arabe. Arabisme et islamisme de 1798 à 1945,* Paris, Armand Colin, 2002.

développement, pour partie en réaction à ces dernières, d'une réflexion sur l'islam et sur l'arabité confrontés à la « modernité », au Proche-Orient et dans le monde musulman en général.

L'islamisme. – Dès 1884, Afghani et son disciple Muhammad Abduh « énoncent le postulat de l'islamisme : seule une application totale de la loi islamique permettra le retour à la puissance des temps anciens et la résistance aux empiétements permanents des étrangers en pays d'Islam »[1]. Jusqu'à nos jours, les mouvements islamistes resteront sur la même ligne idéologique : dans sa confrontation avec l'Occident, le monde musulman ne doit lui emprunter aucune de ses références culturelles mais s'en tenir aux principes fondateurs de l'islam.

L'arabisme. – Une sorte de glissement s'opère à la fin du XIXe, de l'islamisme à l'arabisme, à partir de l'idée que les valeurs fondatrices de l'islam ayant été portées par les Arabes, c'est en jouant le rôle privilégié qui leur revient dans le monde musulman, qu'ils affirmeront leur propre identité. Quelles que soient les formes que prendra le nationalisme arabe au XXe siècle, même dans ses avatars les plus laïcs, la référence religieuse n'est jamais abandonnée et, comme on l'observera en Irak à l'époque de Saddam Hussein, elle est exploitée par le pouvoir, en particulier dans les périodes difficiles pour lui.

1. Henry Laurens, *ibid.*

Un espace morcelé (1914-1948)

Pendant que les Britanniques font miroiter au chérif de La Mecque, Hussein, la perspective d'un grand État arabe dont il prendrait la tête en entretenant toutefois le flou sur le sort du Levant et de Jérusalem, alliance avec la France oblige, ils négocient secrètement avec cette dernière la répartition de leurs rôles respectifs au Proche-Orient en cas de victoire : l'accord Sykes-Picot (1916), soumis pour approbation à la Russie, prévoit la création d'un État indépendant ou d'une confédération d'États arabes sur lequel ou lesquels la France exercera sa protection au nord et à l'ouest (Liban et Syrie) et la Grande-Bretagne au sud et à l'est (Transjordanie et Mésopotamie) ; la Palestine, entre le Jourdain et la mer, relèverait d'une administration internationale à mettre en place d'accord avec la Russie, les autres alliés et les représentants du chérif de La Mecque, devenu entre-temps roi du Hedjaz. Sur fond de victoires remportées par l'armée britannique au Proche-Orient (prise de Bagdad en mars et de Jérusalem en décembre), l'année 1917 est marquée par deux événements qui, par leurs conséquences, vont faire du Proche-Orient, un enjeu mondial :

– D'une part, l'entrée en guerre des États-Unis, par le fait que le président W. Wilson l'a justifiée par les « quatorze points »[1] dont il a fait la pierre angulaire de sa politique internationale. Ceci oblige la Grande-Bretagne et la France à abandonner officiellement leurs visées impérialistes et conduit certains milieux nationalistes arabes à envisager les États-Unis comme un recours, un contrepoids aux influences britannique et française. La scène géopolitique du Proche-Orient

1. Voir n. 1, p. 35.

s'enrichit d'un nouvel acteur appelé à y jouer un rôle grandissant même s'il s'y fait politiquement discret jusqu'en 1945.

– D'autre part, la déclaration adressée par le secrétaire d'État au Foreign Office, Lord Balfour, à Lord Rothschild, représentant la fédération sioniste britannique. La Déclaration Balfour (2 novembre 1917) précise que « le gouvernement de Sa Majesté envisage favorablement l'établissement en Palestine d'un Foyer national pour le peuple juif et emploiera tous ses efforts pour faciliter cet objectif » mais évoque aussi le respect des droits des non-juifs. Elle témoigne de l'efficacité des sionistes britanniques, tout particulièrement celle de Chaïm Weizmann, auprès des autorités anglaises pour les convaincre qu'un ralliement des communautés américaines et russes, présentées comme très influentes sur leurs gouvernements respectifs, à la cause alliée passe par un soutien de leur part à celle du sionisme. Les Britanniques dont certains cultivent un millénarisme protestant d'emblée favorable au retour des Juifs en Terre sainte, ne sont toutefois pas dépourvus d'arrière-pensées : notamment celle d'éviter l'internationalisation de la Palestine et de pouvoir, au titre de protecteur du Foyer national juif, éloigner les Français du canal de Suez. Cette Déclaration est déterminante pour l'avenir du Proche-Orient, en ce qu'elle apporte la caution des puissances (la France l'a approuvée) au dessein sioniste.

Après la victoire des Alliés et l'ouverture de la Conférence de la paix à Versailles, les espoirs portés par Faysal, fils du chérif de La Mecque, d'un grand royaume arabe, sont rapidement déçus. Les divisions arabes et le retrait américain de la Conférence de la paix laissent les mains libres à la Grande-Bretagne et à la France pour façonner un Proche-Orient qu'elles occupent (les Britanniques en Irak et en Palestine, les Français en Syrie), conforme à leurs intérêts et à ceux de leurs protégés, tout en y mettant les formes : celles que leur impose l'article 22 du pacte de la Société des Nations, inclus dans le traité de Versailles (juin 1919), qui instaure le régime des mandats.

À la conférence de San Remo (avril 1920), Anglais et Français se répartissent les mandats au Proche-Orient : les discussions montrent bien que les vrais enjeux sont le pétrole et surtout la question palestinienne telle que la Déclaration Balfour la pose. En effet, pour ce qui touche aux enjeux traditionnels de la rivalité franco-anglaise au Proche-Orient, les deux puissances s'entendent sans encombre : à la France, mandat sur ses zones d'influence traditionnelles : le Liban et la Syrie « du Nord » (l'actuelle Syrie), aux Anglais, le reste, au sud et à l'est, qui permet de contrôler les routes vers l'Inde (par mer, par terre et bientôt par air). La question pétrolière est réglée sans grande difficulté : la France échange ses prétentions sur la vilayet de Mossoul contre un accès au pétrole irakien (avec ses 23,75 % des parts de la Turkish Petroleum Company, elle créera en 1924 la Compagnie française des pétroles, ancêtre du groupe Total). Les vieilles rivalités resurgissent au moment de la construction de l'oléoduc destiné à transporter le pétrole vers la côte méditerranéenne ; mais un accord est trouvé : l'oléoduc se divise en deux bras à l'ouest de l'Irak pour desservir l'un, Haïfa sous contrôle britannique et l'autre, Tripoli sous contrôle français.

L'épineuse question est celle de la Palestine : la France voudrait y conserver ses droits capitulaires ; mais, tout en se faisant l'interprète des inquiétudes de ses « protégés » arabes chrétiens devant les risques, qui commencent à se concrétiser, de voir s'établir un

État juif en Palestine, elle cède : la Grande-Bretagne obtient un mandat sans partage sur la Palestine.

Reste à faire accepter aux autochtones le fait accompli : un Proche-Orient morcelé par des frontières, produits des âpres marchandages franco-britanniques, qui font fi de l'aspiration arabe à l'unité sans donner satisfaction à d'importantes communautés, comme celle des Kurdes. Diplomatie et manière forte sont utilisées : cette dernière est employée par les Britanniques, comme ils l'avaient fait en Égypte en 1919, pour mater l'insurrection qui débute en mai 1920 en Irak, pour ne prendre fin qu'en avril 1921 (10 000 morts) et par les Français en Syrie pour anéantir l'éphémère royaume arabe et chasser Faysal du pouvoir (prise de Damas, juillet 1920).

La voie diplomatique choisie par les Anglais consiste à s'appuyer sur la dynastie Hachémite et donc sur les sunnites. Ils proposent à Faysal, écarté de Damas, le trône irakien et, après avoir pris la décision – lourde de conséquences, aujourd'hui, pour le règlement du conflit israélo-palestinien –, à la conférence du Caire (mars 1921), de retrancher de la Palestine « historique » les territoires à l'est du Jourdain et d'y joindre le Sud syrien pour constituer un Émirat de Transjordanie, ils l'offrent au frère aîné de Faysal, Abdallâh, privé du trône irakien qui lui était promis. En Égypte, la diplomatie anglaise ne réussit qu'en partie : l'accord (février 1922) qui confirme l'indépendance du pays en échange d'un certain nombre de garanties pour les intérêts britanniques, se heurte à l'hostilité d'une large fraction de la population.

L'approche diplomatique des Français est fondée sur la tradition : leur soutien constant aux chrétiens du Levant, mais aussi sur leur crainte de voir le nationalisme arabe sunnite se propager dans leurs colonies d'Afrique du Nord. Aussi jouent-ils la carte des minorités religieuses à la fois par habitude et par calcul impérial.

Le Grand Liban. – La France donne donc satisfaction aux chrétiens du Liban en leur offrant le « Grand Liban » qu'ils appelaient de leurs vœux. Mais cette décision, qui incorpore une forte minorité musulmane (45 % de la population totale en 1921) dans laquelle les sunnites, partisans d'une Grande Syrie, sont les plus nombreux, porte en elle les germes de conflits à venir quand l'évolution démographique, divergente entre les communautés, et l'exode rural, des campagnes sunnites vers les villes du littoral, auront bouleversé les fragiles équilibres des débuts. Dans le reste de la « Grande Syrie », où les Français se heurtent à l'hostilité des populations sunnites majoritaires mais aussi à celle des Druzes au sud et des Alaouites au nord, le mécontentement débouche sur la Grande Révolte (1925-1926). Véritable mouvement populaire, son retentissement est grand dans tout le monde Arabe ; soutenu et encouragé dans les mosquées, il fortifie un nationalisme arabe, fortement marqué d'islamisme, dont la doctrine trouve dans l'évolution de la situation en Palestine matière à se radicaliser.

La crise en Palestine. – Dès qu'elle est connue au Proche-Orient, la Déclaration Balfour provoque l'inquiétude des milieux arabes et leurs premières protestations, d'autant qu'elle est suivie d'une nouvelle *aliya* en Palestine. Ces protestations dégénèrent très vite en heurts violents entre Arabes et Juifs, à Jérusalem en avril 1920 et à Jaffa en mai 1921. C'est le début d'un cycle de violences qui secouent à nouveau Jérusalem en 1929 (émeutes du Mur des Lamentations) et qui ne cesseront plus à partir de 1936 avec le début de la Révolte arabe en partie motivée par l'arrivée massive de nouveaux immigrants juifs chassés d'Europe par les persécutions antisémites des nazis et de leurs alliés.

Confrontés à deux communautés qui s'ignorent quand elles ne s'affrontent pas, les Britanniques louvoient, donnant des gages tantôt aux uns, tantôt aux autres (restrictions à l'immigration juive en juin 1921 mais début de la quatrième *aliya* en 1924) et temporisent par le truchement de « commissions » chargées, notamment après les épisodes de violence les plus graves, de proposer les moyens de stabiliser la situation en Palestine. De plans en plans, la Grande-Bretagne finit par préconiser (*plan Peel,* 1937) un partage de la Palestine mandataire en deux États : l'un juif, l'autre arabe qui serait uni à la Transjordanie. Bien qu'hésitants, les sionistes acceptent ce plan, le voyant comme une étape sur la route d'un État juif plus vaste. Les Palestiniens le refusent et trouvent l'appui unanime des États arabes qui se plaisent à souligner que la Palestine n'appartient pas aux seuls Palestiniens mais à tous les Arabes, argument qui n'a pas fini d'être employé. Placés devant ce refus catégorique, confrontés à travers toute la Palestine à une véritable insurrection armée de la population arabe, impuissants à contrôler les représailles aveugles de certains groupes paramilitaires juifs, le gouvernement britannique, après une ultime tentative de rapprocher sans succès les points de vue à la conférence de Londres (février 1939), publie le *Livre blanc* de mai 1939. Les Anglais en reviennent à un projet d'État binational. En attendant, ils gèlent les achats de terre par les sionistes et limitent de façon drastique l'immigration juive en Palestine. Sionistes comme Arabes rejettent vigoureusement le *Livre blanc.*

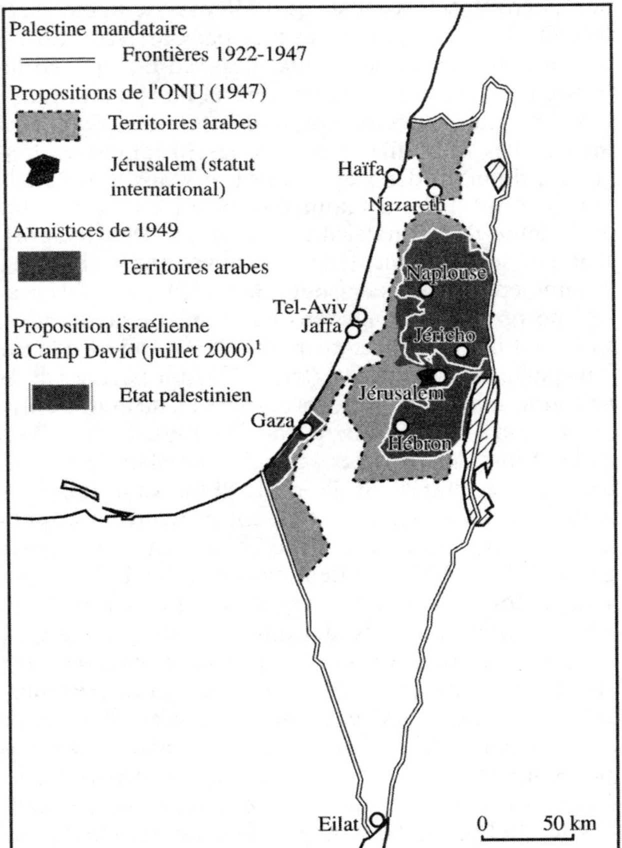

Le partage de la Palestine mandataire : 1947-2000

A. Defay, S. Velut, ENS, 2003.

1. Voir « La Paix en miettes », p. 374, source *Le Monde*, 28 décembre 2000.

L'échec des puissances. – L'échec des puissances mandataires ne se limite pas à la Palestine. L'indépendance que la Grande-Bretagne accorde à l'Irak en 1932, et les traités qui la préfigurent signés par la France avec la Syrie et le Liban en 1936, ne les exonèrent pas de leurs responsabilités : la prise en compte de leurs seuls intérêts économiques et stratégiques dans le découpage étatique du Proche-Orient a fait naître des frustrations aussi bien dans les minorités ethniques des nouveaux États que dans leur population arabe. Frustrations qui s'ajoutent aux traumatismes provoqués par la mise en contact de sociétés pré-industrielles avec la « modernité » économique, sociale et culturelle. Explosion démographique, exode rural, transition économique non maîtrisable ou mal maîtrisée, remise en cause des hiérarchies traditionnelles, etc., contribuent à l'instabilité politique : le premier coup d'État militaire – début d'une longue série – au Proche-Orient se produit en Irak en 1936. L'audience d'une part, des idéologues du nationalisme arabe, d'autre part des adeptes d'un islamisme en forme d'extension de ce nationalisme à toute l'*oumma* est grandissante. Parmi les tenants de l'islamisme, les Frères musulmans, apparus en Égypte en 1928, qui font de l'antisionisme le cœur de leur combat pour « promouvoir le bien et interdire le mal », autrement dit pour interdire l'occidentalisation des sociétés musulmanes, jouissent d'un crédit croissant. Le ressentiment des Arabes à l'égard des puissances mandataires, accentué, ironie de l'Histoire, par l'œuvre éducative qu'elles ont accomplie, est tel que certains d'entre eux, comme le grand Mufti de Jérusalem, Hajj Amin al-Husseini, leader de l'opposition arabe à l'entreprise sioniste, se compromettent avec les puissances de l'Axe (mais pas tous : d'autres se tournent vers les États-Unis). Ce choix (al-Husseini s'installe en Allemagne fin 1941 et rencontre Hitler à trois reprises), dans le contexte de la découverte horrifiée de la Shoah, confortera les préventions de beaucoup d'Occidentaux à l'endroit du monde arabe.

La perte de crédit – générale, puisqu'elle concerne aussi bien les Arabes que les sionistes –, des puissances mandataires au Proche-Orient, aggravée dans le cas de la France par la défaite de 1940 puis, par l'affrontement entre Vichystes et Forces françaises libres pour l'exercice de la puissance mandataire, contribue à l'implication grandissante des États-Unis. Ces derniers ont déjà solidement pris pied dans la péninsule Arabique où l'une de leurs compagnies pétrolières, la CASOC, a obtenu des concessions parmi les plus prometteuses du monde et où ils entretiennent des liens étroits avec Ibn Saoud, le monarque wahhabite qui a conquis le Hedjaz (fin 1925) et créé le royaume d'Arabie Saoudite (1932). Par ailleurs, le mouvement sioniste joue à fond la carte américaine, surtout depuis la publication du *Livre blanc* de 1939, convaincu, à juste titre, d'avoir remporté la bataille de l'opinion publique aux États-Unis : ceux-ci vont devoir en tenir compte. Enfin, le conflit devenu mondial en 1941 fait jouer au Proche-Orient un rôle crucial pour le ravitaillement de l'Union soviétique et pour l'approvisionnement pétrolier des Alliés que les Allemands espèrent interrompre en franchissant le Caucase, une fois le verrou de Stalingrad forcé. Les États-Unis sont, à cette occasion, convaincus que le contrôle de la région et de ses périphéries (le Moyen-Orient des stratèges américains : de l'Afrique du Nord à l'Afghanistan) est vital pour leurs intérêts : ils ne changeront plus d'avis.

La Shoah. – La victoire alliée s'accompagne de la découverte, par l'opinion publique mondiale, des camps d'extermination nazis. Épouvantée et culpabilisée par l'ampleur du massacre et le sort atroce des survivants, celle-ci se rallie à l'idée que les Juifs ne seront en sécurité que s'ils disposent d'un État à eux, donnant ainsi un crédit et une portée tragiquement nouveaux, aux thèses sionistes. Les tentatives britanniques pour empêcher certains rescapés de gagner la Palestine (l'épisode le plus connu est celui de l'*Exodus*) ne font que renforcer ce sentiment. Les Arabes ont beau soutenir qu'on ne résout pas une injustice par une autre injustice, celle qui consisterait à les déposséder de la Palestine, les circonstances de l'après-guerre rendent leur discours inaudible en Occident.

En Palestine, la situation échappe aux Britanniques. Épuisés par leur effort de guerre, ils ne peuvent plus faire face au coût considérable de leur mandat. Frappés durement par le terrorisme des groupes extrémistes juifs (l'attentat perpétré par l'*Irgoun* de Menahem Begin, en juillet 1946, à l'hôtel King David de Jérusalem, devenu le quartier général de l'armée britannique, fait 92 morts), récusés par les deux camps, juif et arabe, ils annoncent en février 1947 qu'ils s'en remettent aux Nations Unies, créées en 1945, pour fixer le sort de la Palestine mandataire. Une Palestine dont la population a fortement augmenté car aux vagues d'immigration juive a répondu un accroissement naturel de la population arabe parmi les plus forts du monde : elle compte désormais (chiffres approximatifs de 1944) 1 800 000 habitants dont 530 000 Juifs.

Israël. – Une assemblée générale extraordinaire de l'ONU est réunie à partir du 28 avril 1947. L'URSS, rompant avec sa ligne idéologique, constante jusque-là, d'hostilité au sionisme, ouvre la voie à un partage de la Palestine en deux États, l'un juif, l'autre arabe. Après bien des tergiversations des uns et des autres et l'annonce faite par les Britanniques qu'ils évacueront définitivement, sans remettre le pouvoir à quiconque, la Palestine le 15 mai 1948, l'assemblée générale de l'ONU adopte, à la majorité requise des deux tiers (dont les États-Unis, l'URSS et la France), le 29 novembre 1947, un plan de partage (voir carte p. 70) qui accorde 55 % du territoire de la Palestine mandataire au futur État juif.

L'Agence juive (elle a succédé dans les années 1920 à l'Organisation sioniste mondiale pour être l'interlocuteur officiel de la puissance mandataire et son exécutif est dirigé par David Ben Gourion) avait fait connaître son accord sur un partage, les Arabes palestiniens, leur refus ; mais leur camp est affaibli par la rivalité entre, d'une part, le roi de Jordanie, Abdallâh, qui, en contact avec les responsables sionistes, souhaite étendre son royaume en annexant la partie de la Palestine que le plan de partage accorde aux Arabes et, d'autre part, le Mufti de Jérusalem qui campe toujours sur la position constamment défendue par les al-Husseini, celle d'un État unitaire sur toute l'étendue de la Palestine mandataire, quitte à l'obtenir par la force : il est, en effet, convaincu qu'il lui sera aisé, compte tenu de la dispersion des implantations juives, de prendre le contrôle des voies de communication et ainsi de réduire à merci les troupes de la *Haganah,* l'armée du *yichouv.* Il lui faut rapidement déchanter : beaucoup plus efficaces qu'il ne l'imaginait, ces dernières prennent à partir de février 1948 un net avantage qui accélère un phénomène commencé pendant les mois précédents : l'exode des Arabes palestiniens.

Touchant d'abord les milieux aisés des grandes villes littorales soucieux de mettre, provisoirement pensent-ils, leurs familles à l'abri, cet exode se généralise sous l'effet de l'intensification des combats, de la panique que provoquent les succès militaires de la *Haganah* (cette dernière, quand elle n'incite pas à l'exode, ne fait évidemment rien pour l'éviter) et du délitement de la société palestinienne qui en résulte. À Haïfa, qui tombe le 22 avril, ne restent plus début mai que 3 à 4 000 Arabes sur les 70 000 que la ville comptait avant le début du conflit ; à la prise de Jaffa (13 mai), ne demeurent plus que 5 000 Arabes sur les 80 000 qui peuplaient la cité avant la guerre. Sur l'axe stratégique que constitue la route de Jaffa à Jérusalem, les villages sont détruits et dans celui de Deir Yassin, une centaine d'habitants sont massacrés. Enfin, en Galilée, beaucoup de localités arabes se vident de gré ou de force.

Après la proclamation de l'État d'Israël, le 14 mai 1948, la veille du retrait britannique, les États arabes entrent en guerre ; leurs revers militaires, face à l'armée israélienne, *Tsahal,* qui a succédé à la *Haganah,* entraînent de nouveaux départs : la prise de Lydda et de Ramleh s'accompagne d'expulsions massives (environ 100 000 personnes avec les villages environnants également touchés) longtemps déniées. La conquête du Néguev refoule vers la bande de Gaza 130 000 Palestiniens. De nouvelles actions en Galilée provoquent plusieurs dizaines de milliers de départs vers le Liban.

La Nakba. – Le bilan, du point de vue arabe, est catastrophique (la Nakba, la catastrophe en arabe, désigne chez les Palestiniens les événements de 1948) : 600 à 760 000 personnes, selon les estimations, soit la moitié de la population arabe de la Palestine mandataire, sont réfugiées à la périphérie des zones conquises par Israël et leur retour est compromis depuis que, le 16 juin 1948, le gouvernement israélien a décidé de l'interdire ; 350 villages ont été détruits. Sur les 26 millions de dunams (1 dunam vaut environ 1 000 m^2) que comptait la Palestine mandataire, la colonisation juive en avait acquis, début 1948, un million et demi ; l'exode arabe lui en procure 18 millions et demi auxquels s'ajoutent les biens immobiliers désertés des grandes villes : par exemple, ceux des 30 000 habitants arabes de la partie ouest de Jérusalem conquise par Israël.

Les pays arabes, déjà affaiblis par leurs problèmes internes, divisés, avant même le début de leur intervention, sur le but à atteindre (entre ceux qui militaient aux côtés du Mufti pour une Palestine unitaire indépendante et ceux, derrière l'émir Abdallâh, prêts à s'accommoder du partage pour pouvoir constituer un État arabe à cheval sur le Jourdain), humiliés par leur défaite militaire, acceptent de négocier l'armistice, comme la résolution de l'ONU du 16 novembre 1948 invitait les belligérants à le faire. Les conventions d'armistice sont négociées à Rhodes. Sous la houlette de Ralph Bunch, le médiateur par intérim désigné par l'ONU (le médiateur nommé en mai 1948 pour trouver un compromis entre Juifs et Arabes, Bernadotte, a été assassiné à Jérusalem par un commando du groupe terroriste juif Stern en septembre de la même année, provoquant une vive émotion dans le monde mais dont finalement Israël ne pâtira pas), les négociations s'engagent en janvier 1949, en premier lieu entre Israéliens et Égyptiens. Particulièrement efficace, Bunch obtient un accord des deux parties ; la convention signée le 24 février sert de modèle pour les accords suivants, avec le Liban (23 mars), la Jordanie (3 avril) et la Syrie (20 juillet). L'ONU avait également prévu une Commission de conciliation chargée d'entendre les points de vue des uns et des autres et de tenter de les rapprocher. La Conférence de Lausanne censée y parvenir, ouverte en avril 1949, se clôt sur un échec : aucun compromis n'a pu être trouvé entre les États arabes qui ne veulent discuter que sur la base du plan de partage de 1947 et qui font du retour de tous les réfugiés une condition *sine qua non* et Israël qui exige la reconnaissance *de jure* de sa souveraineté sur les territoires conquis et qui n'envisage le retour en Israël que de 100 000 réfugiés. Par ailleurs, les Arabes palestiniens du haut comité présidé par le Mufti al-Husseini n'ont pas été invités à la Conférence pas plus qu'aux réunions préparatoires, ce qui conforte la décision prise par la Jordanie en janvier 1949 d'annexer la Cisjordanie et la partie restée arabe de Jérusalem.

Dès lors, comme le souligne H. Laurens[1], « le conflit israélo-arabe est destiné à se perpétuer avec d'un côté, la volonté d'Israël d'affirmer son existence et éventuellement, après une phase de consolidation, de reprendre son expansion territoriale, et de l'autre, la réapparition progressive de la revendication palestinienne aussi bien dans les actions des premiers commandos palestiniens le long des lignes de démarcation que dans la radicalisation révolutionnaire et nationale du monde arabe des années 1950 ».

La confrontation Est-Ouest. – Ce conflit régional est d'autant plus difficile à résoudre qu'il s'inscrit dans le cercle plus vaste de la confrontation Est-Ouest qui s'est amorcée depuis la fin de la Seconde Guerre mondiale et dont le blocus de Berlin (24 juin 1948 - 12 mai 1949) vient d'illustrer l'acuité. Or, auprès d'un

1. Henry Laurens, *Paix et guerre au Moyen-Orient*, Paris, Armand Colin, 1999.

Occident alarmé par l'expansion du bloc communiste en Europe et en Asie et décidé à la contenir faute de pouvoir la refouler (une attaque frontale n'est plus guère envisageable à partir du moment où l'URSS maîtrise l'arme atomique en août 1949), le Proche-Orient apparaît comme une des zones les plus sensibles de l'endiguement, par sa position géographique et ses ressources pétrolières (et celles du Golfe dont il contrôle l'acheminement terrestre et maritime *via* le canal de Suez) et les plus fragiles, par l'instabilité des régimes arabes, les rivalités régionales et l'abcès de fixation que constitue le conflit israélo-arabe. Mais, en même temps, l'Occident est condamné, par son sentiment de culpabilité à propos de la Shoah, à ménager Israël dont, par ailleurs, la diplomatie, servie par d'efficaces relais d'opinion, vise à faire apparaître l'État juif, dynamique et démocratique, comme toujours menacé de destruction alors qu'il est le meilleur rempart contre les menées de l'URSS au Proche-Orient.

Chapitre II

DES TENSIONS POLITIQUES, ÉCONOMIQUES, SOCIALES ET IDENTITAIRES EXACERBÉES : 1948-2003

Un espace déchiré

LES DÉCHIRURES POLITIQUES

Possible, impossible démocratie. – Avant même que la guerre de 1948 s'achève, Israël et les États arabes empruntent des voies politiques totalement divergentes.

Assuré du consensus de la population juive autour des idéaux du sionisme, l'État juif se dote d'institutions démocratiques reposant sur le suffrage universel et fonctionnant en vertu du principe de la séparation des pouvoirs. Le régime politique est de type parlementaire avec une assemblée de 120 membres élus au scrutin proportionnel, la Knesset, qui exerce le pouvoir législatif, élit le président et investit le gouvernement. L'indépendance de la justice est garantie et une Cour suprême y veille scrupuleusement. Les Juifs laïcs qui fondent l'État ne peuvent toutefois pas ignorer que la religion juive est constitutive de l'identité nationale, ni méconnaître les droits des minorités musulmanes et chrétiennes ; aussi décident-ils de confier aux différentes autorités religieuses ce qui touche au statut personnel des citoyens. Cette ambiguïté, source de polémiques entre religieux et laïcs, finira par altérer le débat démocratique, comme nous l'avons noté dans la partie consacrée aux représentations israéliennes, sans cependant le corrompre absolument. Aussi, Israël est-il compréhensible par son mode de fonctionnement politique aux démocraties occidentales ; elles y retrouvent des valeurs et des repères qui leur sont familiers.

Rien de tel dans le monde arabe : l'instabilité et la violence qui le caractérisent dès les indépendances proclamées et les troupes des puissances mandataires évacuées (en 1946, pour ce qui concerne la Syrie et le Liban) renvoient les Occidentaux à leurs idées préconçues faute de les inviter à s'interroger sur leurs responsabilités anciennes ou immédiates dans cette situation. En effet, les constructions étatiques arabes imposées par les puissances mandataires (ou coloniale dans le cas de l'Égypte) reposent sur des fondements particulièrement vulnérables : leurs hiérarchies sociales traditionnelles, déstabilisées par l'exode rural, sont, en outre, contestées par de nouvelles couches issues de la modernisation économique et éducative amorcée pendant la période mandataire. La diversité confessionnelle et l'existence de minorités ethniques ajoutent à leur fragilité. La défaite face à Israël compromet une légitimité récente et minée dès le départ par les aspirations panarabes d'une large partie de leurs populations ; aspirations qu'entend incarner le parti Baas, fondé par deux Syriens, un chrétien, Michel Aflak et un musulman Salah al-Bitar, et dont la devise, adoptée à son premier congrès en 1947, « unité, socialisme, liberté » traduit bien son ambition de réaliser l'unification de « la patrie arabe » et de la faire prospérer par un socialisme autochtone (les Baasistes estiment que la lutte des classes et l'athéisme marxistes sont contraires aux valeurs de la nation arabe). Le Baas s'empare du pouvoir, en Syrie en 1963 pour le conserver jusqu'à maintenant, et en Irak, en 1968, après une première tentative en 1963, pour ne le perdre qu'avec la chute de Saddam Hussein en 2003, mais sans réaliser son ambition première. Bien au contraire, tout en proclamant sa volonté intacte de parvenir à l'unification de la nation arabe, il s'associe à l'édification d'États forts qui n'hésitent pas à afficher leurs mésententes et leurs rivalités. Dans un pareil contexte, cette édification, quand elle est possible, ne peut être que chaotique et se faire dans la violence : assassinats, exécutions, purges sanglantes ponctuent la longue période d'instabilité qui caractérise les pays arabes du Proche-Orient, de la fin de la Seconde Guerre mondiale aux années 1970, sans que pour autant cette violence ait cessé depuis. On peut même constater que, le conflit israélo-arabe s'éternisant et exacerbant les passions, c'est le Proche-Orient tout entier qui est aujourd'hui imprégné d'une culture de la terreur. De coups d'État, les premiers en Syrie (trois en 1949), en coups d'État en Irak (1958 et 1968) et à nouveau en Syrie (1961, 1966), en passant par celui, déterminant pour l'avenir du Proche-Orient, des « Officiers libres » (dont Nasser et Sadate font partie) en Égypte en 1952, le Proche-Orient arabe passe donc aux mains de régimes autoritaires contrôlés par l'armée. Ces régimes se radicalisent avec l'arrivée à leur tête de fortes personnalités comme Hafez al-Assad en Syrie en 1970 et Saddam Hussein en Irak en 1979 (en fait, il est l'homme fort du régime depuis 1968) qui n'hésitent pas à recourir aux méthodes les plus brutales pour asseoir et conserver leur pouvoir absolu. Cette radicalisation doit beaucoup aux échecs répétés face à Israël parce que ceux-ci mettent, à chaque fois, cruellement en lumière l'incurie des dirigeants politiques et militaires.

Impossible, possible paix. – Si, comme nous l'avons dit, la crise de Suez a des répercussions sur les équilibres de pouvoir à l'échelle mondiale, elle ne change pas fondamentalement ceux de la région si ce n'est en augmentant encore le passif du contentieux israélo-arabe qui, d'opérations commando arabes en Israël en représailles de *Tsahal,* n'a cessé de s'alourdir depuis 1949.

Il en va bien différemment de la crise de 1967 et de la guerre dite des Six jours qui en résulte qui, elles, modifient profondément la donne géopolitique au Proche-Orient. Le *Raïs,* Nasser, qui est regardé par les masses arabes, après le crise de Suez, comme le héros de leur cause, se heurte toutefois à la méfiance et même à l'hostilité des autres dirigeants arabes dans le cadre de ce qu'on a parfois appelé « la guerre froide arabe » : son principal adversaire est l'Arabie Saoudite avec laquelle il est en conflit au Yémen. Celle-ci combat le *nassérisme* au nom de l'islamisme dont elle se fait le champion et que sa rente pétrolière grandissante lui permet de financer partout dans le monde musulman. Nasser est aussi confronté à la radicalisation du régime syrien qui l'accuse d'attentisme à l'égard de la question palestinienne. Or, sur cette question, Nasser doit tenir compte de l'apparition d'une nouvelle génération de militants palestiniens qui ne veulent plus faire dépendre la « libération » de la Palestine de la réalisation de l'unité arabe, tels ceux du Fath créé à la fin des années 1950 par Yasser Arafat. Enfin le *Raïs* sait l'intérêt toujours croissant des

Grandes Puissances pour la scène proche-orientale : celui de l'URSS, prêt à soutenir les positions les plus radicales pour mieux asseoir son influence comme celui des États-Unis engagés, depuis l'arrivée de Johnson au pouvoir, dans un processus de rapprochement avec Israël.

Dans un climat de tension grandissante, depuis le milieu des années 1960, entre Israël et ses voisins, climat entretenu par les discours enflammés d'Ahmed al-Shuqayri, premier président de l'Organisation de libération de la Palestine (OLP), créée en 1964, et par ceux de la nouvelle équipe au pouvoir à Damas, un climat alourdi par les incessantes attaques des commandos palestiniens en Israël et par les incidents de frontière qui se multiplient notamment avec la Syrie, Nasser, à la fois prisonnier de cette situation qui l'oblige à des surenchères verbales et cherchant une occasion de rétablir son leadership sur le monde arabe, adopte, au printemps 1967, une stratégie de provocations successives à l'égard de l'État juif. Il renforce ses troupes dans le Sinaï, réclame et obtient le départ des Casques bleus interposés entre l'Égypte et Israël, remilitarise Sharm al-Shaykh le 20 mai et, franchissant le Rubicon, ferme le détroit de Tiran à la navigation israélienne le 22 mai ; ce blocus est pour Israël un *casus belli.* Nasser espère ainsi se donner le beau rôle dans le monde arabe, forcer la Jordanie à se rapprocher de lui et à rompre son alliance avec Ryad (ce qui est fait le 30 mai) et, enfin, obliger Israël à réagir et obtenir ainsi, comme en 1956, un arbitrage des Grandes Puissances qui lui soit favorable sans qu'il ait besoin de se lancer dans une guerre dont il sait qu'il a peu de chances de la gagner. La France, principal fournisseur de l'armement israélien, conforte le *Raïs* dans ses analyses quand, début juin, elle annonce qu'elle ne soutiendrait pas celui qui attaquerait en premier et qu'il appartient aux quatre « Grands » de trouver une solution. Mais Nasser méconnaît la détermination du gouvernement d'Israël, portée par l'exaspération de sa population, à obtenir coûte que coûte et très vite la fin du blocus ; il néglige le courant de sympathie en faveur d'Israël, assiégé et apparemment menacé de destruction, dans l'opinion publique occidentale et surtout il se trompe sur la position réelle des États-Unis, qu'il croit, pendant les tractations diplomatiques dont ceux-ci ont pris l'initiative, favorables à un règlement négocié, alors que Washington considère en fait que la fermeture du golfe d'Aqaba est bien un *casus belli,* ce qu'Israël, lui, n'ignore pas.

À l'aube du 5 juin 1967, Israël ouvre les hostilités contre l'Égypte et ses alliés jordaniens et syriens. En six jours, sa victoire est écrasante : le Sinaï, la Cisjordanie (y compris la vieille ville de Jérusalem et ses faubourgs arabes) et le Golan sont conquis. Cette guerre marque un tournant dans l'histoire récente du Proche-Orient : elle installe Israël dans une position dominante, à ses yeux comme à ceux, quoi qu'ils en disent publiquement, des dirigeants arabes. Elle est appelée, par l'occupation de la Cisjordanie, de Jérusalem-est et de Gaza, à transformer les relations israélo-palestiniennes. Enfin, elle modifie le rôle des Grandes Puissances sur la scène régionale : les États-Unis, comme certains dirigeants israéliens l'espéraient depuis quelque temps, se substituent à la France pour la livraison des fournitures militaires à Israël et sont conduits à s'impliquer toujours plus dans un hypothétique règlement du conflit israélo-arabe tandis que l'URSS renforce ses positions dans les pays arabes « progressistes ».

Après que le Conseil de sécurité de l'ONU eut adopté la désormais fameuse résolution 242 dans la version délibérément ambiguë proposée par la Grande-Bretagne, Nasser s'engage dans une guerre d'usure avec Israël. L'échec de cette dernière conforte les mouvements palestiniens, qui se sont réorganisés en 1968 dans une nouvelle OLP où le Fath est entré et dont Yasser Arafat est devenu le président, dans le choix d'une stratégie autonome utilisant le terrorisme, à l'échelle planétaire, pour faire aboutir sa revendication d'une Palestine arabe sur la totalité du territoire mandataire. Mais ce faisant, s'ils accréditent peu à peu, dans les chancelleries et dans l'opinion publique internationale, l'idée d'un fait national palestinien, ils fragilisent les pays qui leur servent de bases arrières en s'y comportant comme un État dans l'État. Le Liban est politiquement trop faible pour réagir – la guerre civile est en germe dans cette impuissance – mais la Jordanie, elle, est en mesure de le faire, compte tenu de la loyauté absolue de l'armée à son roi. Celle-ci entreprend en septembre 1970 le démantèlement des infrastructures palestiniennes : ce « Septembre noir » permet au souverain Hachémite, au prix d'un bain de sang, de rétablir un pouvoir sans partage sur son royaume.

La mort de Nasser (28 septembre 1970) provoque une très vive émotion dans le monde arabe qui ne veut retenir que les images du porte-drapeau charismatique de la « cause » arabe et qui pressent qu'avec cette disparition, c'est toute une époque qui se clôt, celle du rêve panarabe.

Confronté à un Israël que sa supériorité militaire a rendu sourd à toutes les propositions de compromis, le nouveau *Raïs* égyptien, Anouar al-Sadate, une fois affermies ses positions, à l'intérieur et à l'extérieur (il se rapproche des milieux islamiques, de l'Arabie Saoudite et des États-Unis), son armée restructurée et abondamment dotée en matériels par l'Union soviétique, décide d'un commun accord avec la Syrie d'une guerre « totale » avec Israël.

L'attaque, lancée le 6 octobre 1973, en plein ramadan et le jour de Kippour, sur les deux fronts (canal de Suez et Golan), surprend totalement les autorités et l'état-major israéliens. *Tsahal* subit de lourdes pertes et doit reculer sur les deux fronts. Angoissés par ces revers initiaux et l'épuisement rapide de leur stock d'armement, les responsables israéliens réclament aux États-Unis des livraisons massives de leurs armes les plus sophistiquées ; ils obtiennent un pont aérien tandis que leur armée réussit un rétablissement spectaculaire, au nord en reconquérant le Golan et en s'avançant vers Damas et au sud en traversant le canal de Suez pour encercler la troisième armée égyptienne. Le cessez-le-feu est définitif le 25 octobre 1973. Si militairement Israël a obtenu, à l'arraché, une nouvelle victoire, politiquement le pays sort du conflit affaibli : au plan intérieur, l'opinion publique fustige l'excès de confiance du gouvernement dans l'invincibilité de *Tsahal.* Le Premier ministre, Golda Meïr, doit démissionner et est remplacé par l'un des héros de la guerre des Six jours, le général Rabin. Certes, les travaillistes conservent le pouvoir, qu'ils occupent continûment depuis la fondation de l'État, mais leurs jours sont comptés et aux élections de mai 1977, la coalition de droite emmenée par Menahem Begin l'emporte. Au plan extérieur, ce conflit montre à Israël que la politique intransigeante et même arrogante qu'il a conduite jusque-là avec les vaincus de 1967, l'expose à des conflits à répétition, de plus en plus durs avec eux, et le fait entièrement dépendre du bon vouloir des États-Unis. Quant à ces derniers et à l'Europe, soumis à un embargo décidé par les pays pétroliers arabes (16 octobre 1973), puis à une forte hausse du prix des hydrocarbures (qui n'a pas que des inconvénients pour les compagnies anglo-saxonnes), le prix du baril passant de 3 à 12 $, ils mesurent combien ils dépendent des réserves du Moyen-Orient. La situation leur impose de prendre mieux en compte les effets du conflit entre Israël et ses voisins sur l'ensemble du monde arabe.

Aussi, dans ce contexte, les Israéliens ne vont-ils pas dédaigner, comme ils l'avaient fait en 1971, les propositions de paix que leur fait le président Sadate, à l'occasion de sa spectaculaire visite à Jérusalem, dans son discours à la Knesset, le 20 novembre 1977. Spectaculaire mais aussi courageuse car, même si les Arabes ont retrouvé une certaine fierté après les victoires initiales de la guerre d'octobre 1973, et mesuré la force de l'arme pétrolière, les esprits sont loin d'être prêts à une normalisation des relations avec Israël. Cette initiative, relancée et soutenue avec beaucoup de ténacité par le président américain Carter, débouche, après le sommet de Camp David (septembre 1978), sur le traité de Washington (26 mars 1979) : pour la première fois, Israël et un pays arabe, le plus important d'entre eux, signent un traité de paix et s'engagent à normaliser leurs relations.

Les pays arabes de la région sont d'autant plus unanimes à condamner ce traité et, en conséquence, à exclure l'Égypte, dès avril 1979, des institutions panarabes, qu'ils savent qu'une initiative similaire de leur part, pour ceux qui seraient tentés de la prendre, pourraient leur être fatale (comme ce sera malheureusement le cas pour Anouar al-Sadate, assassiné le 6 octobre 1981) compte tenu des difficultés intérieures qu'ils affrontent, de la révolution iranienne (mars 1979) dont les effets déstabilisateurs dans tout le Proche-Orient viennent s'ajouter à ceux de la guerre civile qui fait rage au Liban depuis 1975 et, enfin, du constat qu'il leur faut désormais, dans le conflit avec Israël, compter avec l'OLP.

L'OLP est devenue un acteur autonome et incontournable de tout processus de règlement du conflit. Seuls les Israéliens affectent encore de l'ignorer. Arafat a obtenu au sommet islamique de Lahore (février 1974) que son organisation soit considérée par les 37 États participants comme « unique représentant du peuple palestinien » ; ce qu'à leur tour, les États arabes, réunis à Rabat (octobre 1974), ont proclamé en déclarant l'OLP « seul et légitime représentant du peuple palestinien » ; enfin l'ONU a offert sa tribune à Arafat le 13 novembre 1974 et a admis l'OLP en qualité d'observateur. Une OLP qui campe sur sa position d'un État arabe sur toute l'étendue de la Palestine mandataire jusqu'au jour où, à Paris, le 2 mai 1989, Yasser Arafat affirme que cette revendication est « caduque ».

Une OLP directement impliquée, dès le départ, dans la guerre civile libanaise, nouvelle violente déchirure du Proche-Orient, cette fois au sein même de sa composante arabe.

La guerre civile libanaise. – Derrière la façade que veulent voir les Occidentaux, celle d'un Liban « moderne », prospère, stable et qui s'est tenu, depuis 1949, à l'écart des conflits israélo-arabes, la « Suisse du Moyen-Orient » est en proie à ses contradictions sociales et identitaires originelles, contradictions qui se sont aggravées depuis l'indépendance et que son organisation politique ne lui permet pas de résoudre. Parmi les causes de cette aggravation, la présence sur le sol libanais de 300 à 450 000 réfugiés palestiniens (soit 10 à 15 % de la population libanaise) dont les leaders ont fait de Beyrouth, depuis « Septembre noir », leur quartier-général, est la principale parce qu'elle exacerbe les clivages traditionnels en déséquilibrant un peu plus la balance confessionnelle et politique au détriment des chrétiens conservateurs : d'un côté, les musulmans et les Druzes majoritairement solidaires du combat « progressiste » des Palestiniens, de l'autre, les chrétiens, partisans du *statu quo,* social et politique, qui veulent les chasser. La lutte est féroce et tourne au désavantage des milices chrétiennes moins nombreuses et moins aguerries que, notamment, leurs adversaires palestiniens, ce qui entraîne la première intervention étrangère, celle de la Syrie (1976) qui se porte au secours des chrétiens et prend le contrôle du pays sauf des confins au sud du fleuve Litani qu'Israël lui a interdit d'approcher. Mais la tutelle syrienne pèse aux chrétiens qui redoutent la réalisation de leur vieux cauchemar de « Grande Syrie » tandis que la Syrie, pour prévenir le risque d'un isolement en cas d'accord israélo-égyptien après la visite de Sadate à Jérusalem, souhaite se détacher de ses alliés chrétiens et se rapprocher de leurs adversaires « palestino-progressistes » et de l'OLP.

Israël a répondu à l'appel des milices chrétiennes en leur fournissant du matériel et des instructeurs mais sans intervenir directement dans le conflit. Après une opération particulièrement sanglante d'un commando palestinien dans le nord d'Israël (37 victimes, civiles pour la plupart), à la mi-mars 1978, la coalition de droite nouvellement arrivée au pouvoir en Israël entend montrer sa détermination : elle donne l'ordre à *Tsahal* d'occuper le Liban-Sud jusqu'au fleuve Litani. L'opération *Litani,* très meurtrière, est condamnée par l'ONU qui impose une force d'interposition, la FINUL, au Liban-Sud.

Tandis que le Liban est mis en coupe réglée par les milices, les bombardements palestiniens sur la Galilée se multiplient. Comme les Territoires occupés connaissent, au printemps 1982, une effervescence nationaliste, Begin, reconduit à la tête du gouvernement israélien, envisage une intervention au Liban qui, tout en visant à sécuriser la Galilée, briserait les reins de l'OLP. L'attentat contre l'ambassadeur israélien à Londres perpétré, début juin, par le groupe Abou Nidal, adversaire acharné de l'OLP, déclenche, le 6 juin, l'opération « Paix en Galilée » : l'armée israélienne pénètre au Liban ; six jours plus tard, elle est aux portes de Beyrouth qu'elle assiège. Des négociations, sous les auspices de l'envoyé du président américain, Philippe Habib, s'engagent pour permettre l'évacuation des Palestiniens assiégés dans Beyrouth : c'est chose faite fin août - début septembre sous protection d'une force multinationale mise sur pied pour l'occasion. Mais l'assassinat du président libanais, Bachir Gemayel, le 14 septembre, et les affrontements sanglants que celuici risque d'entraîner dans la capitale libanaise fournissent à Ariel Sharon, ministre de la Défense du gouvernement Begin, un prétexte à entrer dans Beyrouth (14 septembre). Se produit alors un drame qui provoque une immense émotion dans le monde : dans les camps palestiniens de Sabra et de Chatila, encerclés par l'armée israélienne, une des milices chrétiennes, les Forces libanaises, se livre à un épouvantable massacre sans que *Tsahal* réagisse. L'émoi est considérable en Israël ; le gouvernement affronte des manifestations de grande ampleur qui traduisent le malaise grandissant, mêlé cette fois de honte, d'une partie de l'opinion israélienne, inquiète de ne pas voir d'issue à ces conflits à répétition où elle perd des enfants et où elle a le sentiment qu'Israël laisse, un peu plus à chaque fois, de son âme. Se dessine une prise de conscience que d'autres voies que celle du recours systématique à la force devraient être explorées pour garantir la paix et la sécurité au Proche-Orient.

Une nouvelle force multinationale est mise en place pour garantir l'évacuation israélienne de Beyrouth. Mais Israël reste présent partout ailleurs et doit y affronter une guérilla de plus en plus meurtrière (notamment celle que lui livre au Sud, une nouvelle organisation, le Hezbollah – parti de Dieu – inspiré par le chiisme révolutionnaire iranien), sur fond d'affrontements permanents entre les différentes communautés attisés par la Syrie qui aspire à exercer son hégémonie sur le Proche-Orient arabe. Le départ de la force multinationale après les terribles attentats qui ont frappé, en octobre 1983, le contingent français (56 tués) et celui des États-Unis (239), l'évacuation dramatique de Yasser Arafat et de 2 000 de ses hommes depuis Tripoli vers Tunis (décembre 1983), le retrait israélien (achevé par étapes en juin 1985, à l'exception d'une zone de sécurité de 15 à 20 km de large le long de la frontière internationale) semblent servir les desseins syriens. Mais ceux-ci se heurtent à l'exacerbation des passions qu'ils ont eux-mêmes entretenues : la « guerre des camps » des milices chiites d'Amal contre les camps palestiniens est particulièrement meurtrière. Malgré les accords de Taëf (octobre 1989) sur une réforme constitutionnelle, obtenus des députés libanais par une médiation de la ligue arabe, la guerre civile continue et les Syriens ne peuvent installer leur tutelle qu'à l'automne 1990, tutelle que leur confirme le traité de « fraternité, de coopération et de coordination » qu'ils signent avec le Liban en mai 1991. Le pays est exsangue et écarté de la scène géopolitique régionale jusqu'à aujourd'hui.

La colonisation des Territoires occupés. – La colonisation des Territoires occupés commence au lendemain des conquêtes de 1967. Elle est engagée pour des motifs stratégiques et idéologiques. D'une part, le gouvernement souhaite établir une ligne de défense sur le Jourdain, aussi encourage-t-il, dans le cadre du plan Allon, quelques petites colonies sur les hauteurs dominant le fleuve. D'autre part, des colonies s'implantent sous l'impulsion du sionisme religieux que la victoire « divine » de juin popularise en Israël et plus encore dans la Diaspora. À Jérusalem, la réimplantation de populations juives dans le quartier « juif », réaménagé, de la vieille ville et la création de nouveaux quartiers juifs au nord et au sud ont pour but de rendre « irréversible » la « réunification » de Jérusalem décidée dès le 28 juin 1967. Mais, sauf dans les implantations hiérosolymitaines, la colonisation, en raison du coût, de l'éloignement et de l'insécurité, progresse peu : en 1978, on ne compte que 6 000 colons en Cisjordanie (hors Jérusalem-Est) et 1 000 dans la bande de Gaza. Prudent jusqu'à la signature du traité de paix avec l'Égypte, Begin, partisan depuis toujours du « Grand Israël » et poussé par ses alliés sionistes religieux, intensifie ensuite la colonisation dans les Territoires : aides financières à l'implantation généreusement distribuées par le ministre des Finances ; établissement des infrastructures et aménagements routiers pour lesquels, le ministre de l'Agriculture, Ariel Sharon, se démène inlassablement.

En 1983, les colons sont déjà 20 000 répartis en 26 implantations en Judée (contre 6 en 1973) et 70 en Samarie (contre 10 en 1973). Dès cette époque, les colons acquièrent un poids politique sans commune mesure avec leur poids démographique : les partis sionistes religieux, incontournables pour constituer une majorité à la Knesset, menaçant de renverser le gouvernement dès que la poursuite de la colonisation paraît remise en question. Ainsi, quand quelques extrémistes s'installent, en 1980, en plein cœur d'Hébron (ville ô combien sensible parce qu'abritant le tombeau des Patriarches également vénéré par les religions juive et musulmane mais aussi parce que celle du pogrom de 1929), Begin, alors que les Juifs religieux disposent déjà, depuis 1967, d'une implantation aux portes d'Hébron, préfère envoyer *Tsahal* les protéger plutôt que de les déloger. Aussi, malgré la tension grandissante que provoque cette « cohabitation » forcée entre colons qui bénéficient des bienfaits de l'État et de la modernité et Palestiniens qui, non seulement en sont privés, mais voient leurs terres leur échapper et leur liberté de mouvement entravée, la colonisation s'est poursuivie inexorablement jusqu'à nos jours : on compte désormais plus de 400 000 colons dont 200 000 à Jérusalem-Est, plus de 190 000 en Cisjordanie où les 200 colonies qui occupent moins de 2 % du territoire en contrôlent 42 % et 7 000 dans la bande de Gaza dont ils accaparent 30 % de la superficie face aux 1 200 000 Palestiniens qui doivent s'entasser sur le reste (la densité, l'une des plus fortes du monde, y dépasse les 8 000 habitants au kilomètre carré). Cette situation est évidemment l'une des principales pierres d'achoppement des négociations de paix et la cause de violences continuelles qui débouchent fin 1987 sur une véritable insurrection : l'*Intifada*.

L'*Intifada* (le tremblement ou la secousse en arabe) est au début un mouvement spontané né de l'accumulation des frustrations de tous ordres dans les Territoires et qu'un drame de trop (un accident entre un camion israélien et un véhicule palestinien fait quatre morts à Gaza, le 9 décembre 1987) fait éclater. Elle consiste pour les jeunes et même les très jeunes Palestiniens à harceler quotidiennement les troupes d'occupation israéliennes, à coups de pierres (d'où son autre appellation : « la guerre des pierres ») mais pas seulement (cocktails Molotov et armes blanches sont également employés), et fait l'objet d'une répression d'autant plus meurtrière que l'armée israélienne n'est ni préparée ni équipée pour faire face à ce type de soulèvement. Fin 1988, l'*Intifada* a fait, selon les sources israéliennes, 340 morts et 7 000 blessés et a entraîné 26 000 arrestations et 5 600 mises en détention. Mais, parallèlement, l'OLP, qui bénéficie auprès de l'opinion internationale de l'impact, très négatif pour Israël, qu'ont les images de l'*Intifada* et qui tire les premiers bénéfices politiques de sa reconnaissance d'Israël (à Genève, en décembre 1988), devient un partenaire incontournable, surtout après l'abandon par le roi Hussein, fin juillet 1988, de ses prétentions sur la Palestine, pour toute tentative de résolution du conflit : le 14 décembre 1988, les États-Unis se disent prêts à dialoguer avec l'OLP à la condition que celle-ci renonce au terrorisme. Cependant, deux problèmes subsistent. Du côté palestinien, l'OLP doit compter avec les mouvements islamistes, en particulier avec le *Hamas* (« Mouvement de la résistance islamique ») créé à l'occasion de l'*Intifada,* qui visent à la destruction de l'État d'Israël par tous les moyens y compris le terrorisme aveugle. Du côté israélien, bien que l'idée d'un dialogue avec l'OLP progresse dans l'opinion, les gouvernements successifs s'y refusent et poursuivent la colonisation des Territoires et la répression de l'*Intifada.* Il faut le bouleversement des équilibres mondiaux : la perestroïka puis l'effondrement de l'URSS, pour que, après la première guerre du Golfe et une fois l'hégémonie mondiale des États-Unis clairement établie, un nouveau tournant soit pris.

Les conflits périphériques. – Même si le conflit israélo-arabe est central au Proche-Orient, il n'est pas le seul à déchirer son espace politique. Des conflits affectent, outre ceux que nous avons déjà évoqués en Jordanie et au Liban, la Syrie et l'Irak. Assurément, le conflit avec Israël, là aussi, n'y est pas totalement étranger par ses répercussions économiques (le coût de la course aux armements), culturelles (la radicalisation du discours islamiste) et politiques (la lutte pour le leadership arabe) mais des facteurs spécifiques à chacun des deux pays sont les plus déterminants. En Syrie, la guerre civile fait rage pendant trois ans à partir de 1981, opposant le pouvoir alaouite et baasiste, allié de l'Iran islamiste chiite, aux islamistes sunnites. La répression féroce et le recours aux méthodes terroristes par le pouvoir vont certes permettre au régime de se perpétuer mais ses pratiques l'isolent sur la scène internationale.

En Irak, le problème récurrent est celui des Kurdes, privés de l'État qu'ils revendiquaient après la chute de l'Empire ottoman et que les puissances leur avaient promis. Leur territoire a été finalement réparti par ces dernières entre la Turquie, l'Iran et l'Irak qui en ont fait un des enjeux de leurs rivalités. Ainsi, lorsqu'en 1974, les Kurdes d'Irak se soulèvent à nouveau, l'Iran leur apporte un soutien logistique jusqu'à ce que l'Irak ne lui conteste plus, par l'accord d'Alger

(1975), sa souveraineté sur la rive gauche, pourtant peuplée d'arabophones, du Chott al-Arab. Saddam Hussein peut alors mater la révolte kurde. Mais il doit affronter, dès le milieu des années 1970, une autre force centrifuge, le chiisme révolutionnaire (plus de la moitié de la population irakienne est chiite) ; malgré une répression sans pitié, le mouvement trouve dans la révolution iranienne, inspirée par la même idéologie, soutien et encouragement : ceci, joint aux anciens litiges territoriaux, explique le déclenchement du conflit Irak/Iran qui débute en septembre 1980 et va se prolonger pendant huit ans jusqu'au cessez-le-feu signé sous l'égide de l'ONU en août 1988. Au-delà d'un lourd bilan humain (on parle de 1 million de morts) et économique, et d'un retour au *statu quo* frontalier, cette guerre est lourde de conséquences, à terme rapproché, pour le Proche-Orient : Saddam Hussein qui présente sa non-défaite face à l'Iran comme une victoire de la « Nation arabe » entend prendre la tête de cette dernière et recevoir le prix des sacrifice consentis. Faute d'obtenir les facilités financières qu'il réclamait des pétro-monarchies du Golfe, il envahit, le 2 août 1990, le Koweït dont l'Irak avait réclamé le rattachement (au prétexte que celui-ci dépendait du vilayet[1] de Bassora à l'époque ottomane) au moment du départ des Britanniques en 1963. L'aventure dans laquelle se lance l'Irak de Saddam Hussein illustre crûment combien les déchirures du Proche-Orient trouvent dans les écarts de richesse grandissants entre les États qui le composent, matière à s'exacerber.

1. Entité territoriale de l'administration ottomane (vilayet de Beyrouth, de Damas, etc.) divisée en sandjaks.

La grande déchirure. – Les déchirures économiques recoupent la grande déchirure entre Israël et les pays arabes (y compris les Territoires occupés) mais, au sein de ceux-ci, l'inégalité d'accès à des ressources aussi précieuses que l'eau et le pétrole et plus encore la divergence des politiques (économiques, sociales, éducatives, etc.) créent d'autres lignes de fracture.

La quasi-absence d'échanges commerciaux intrarégionaux traduit bien cette situation. Même les pays qui ont signé la paix avec Israël, l'Égypte et la Jordanie ne commercent pratiquement pas avec lui : les échanges commerciaux entre Israël et la Jordanie sont inférieurs à 50 millions de dollars. Mais, ce n'est pas mieux pour les échanges interarabes : les flux entre l'Égypte et le Levant syrien et libanais sont inexistants.

Même si Israël est confronté à des problèmes économiques communs aux pays de la région, comme l'approvisionnement en eau ou le poids du budget militaire, ils ne les aborde pas avec les mêmes atouts. Il est le « géant » économique de la région ; un pays hautement développé ceinturé de voisins qui peinent à sortir du sous-développement.

La première ressource d'Israël est son potentiel humain. Sa forte croissance démographique (900 000 habitants en 1948, 2 millions en 1956, 6 millions et demi en 2003), compte tenu d'un accroissement naturel comparable à celui des autres pays développés, est principalement dû à l'immigration ; certes, les grandes *aliyot,* en particulier celle du Moyen-Orient et d'Afrique du Nord (dans les années 1950), celle des Éthiopiens (milieu des années 1980 et 1991) et, depuis 1990, celle, colossale, des ex-citoyens de l'URSS (près d'un million fin 2003) ont posé d'énormes, et parfois douloureux, problèmes d'installation et d'intégration mais, en même temps, elles ont fourni à l'État juif, une main-d'œuvre déjà formée, de niveaux de compétence variés, du manœuvre au savant atomiste, et très motivée.

De surcroît, dès ses premiers pas, avec le soutien de la Diaspora, le *Yishouv* attache une grande importance à la formation de ses élites, politique poursuivie après 1948 : le *Technion* de Haïfa ouvre ses portes en 1924, l'Université hébraïque de Jérusalem est inaugurée par Albert Einstein en 1925, les premiers travaux scientifiques commencent, dans ce qui deviendra le fameux Institut Weizmann, en 1934 ; après la guerre de 1948, Tel-Aviv, puis Haïfa et enfin Beer-shev'a sont dotées d'universités qui développent des liens étroits avec les meilleurs de leurs homologues occidentaux. Le même effort a été consenti pour le secteur de la santé avec des œuvres pionnières comme *Hadassah*, présente en Palestine dès le début du XXe siècle et qui inaugure son premier centre hospitalo-universitaire sur le Mont-Scopus de Jérusalem en 1939.

Abondamment pourvu en cadres bien formés, familiers des valeurs et des méthodes occidentales, disposant à partir de 1967 de la main-d'œuvre bon marché des Territoires, soutenu financièrement par les États-Unis (2 milliards de dollars d'aide militaire et 720 millions d'aide économique en 2003 auxquels s'ajoutent les prêts) et par la diaspora (la communauté américaine fournit annuellement un milliard et demi de dollars), Israël a bâti une économie qui le fait appartenir aux pays hautement développés (son PIB, à parité de pouvoir d'achat, par tête, 20 131 $ en 2000, le situe entre l'Italie et l'Espagne). Le secteur des hautes technologies civiles et militaires est particulièrement développé : avec 6,1 % des actifs du secteur industriel employés dans les technologies de l'information et de la communication, Israël n'est dépassé dans le monde que par la Suède (6,4 %). Malgré ses lourdes dépenses militaires (9 % du PNB[1]), l'État juif a pu ainsi compenser, au prix, il est vrai, pendant longtemps, d'une forte inflation, son absence de ressources naturelles et maîtriser l'un des problèmes cruciaux de la région : l'approvisionnement en eau.

Pour garantir ce dernier, Israël a multiplié les prouesses techniques mais il a aussi accaparé, par ses captages et ses forages dans les Territoires occupés depuis 1967, une partie de la ressource régionale, créant ainsi de nouveaux sujets de discorde avec ses voisins syriens, jordaniens et surtout palestiniens.

Les États arabes et les Territoires palestiniens partagent un certain nombre de contraintes spécifiques. La première est leur forte croissance démographique due à un accroissement naturel élevé depuis un demi-siècle et qui ne se ralentit que lentement : à la fin des années 1950, les pays arabes du Proche-Orient comptaient 41 millions d'habitants ; en 2001, ils en abritaient 121 dont 69 en Égypte, 24 en Irak, 17 en Syrie, 5 en Jordanie, 3 et demi au Liban et 3 dans les Territoires palestiniens. Cette croissance ne se ralentit que lentement en raison de la forte proportion de jeunes adultes : le taux d'accroissement naturel reste supérieur à 2,5 % (sauf en Égypte : 1,69 %) et atteint même 3,6 % dans les Territoires (France : 0,4). Ils ont donc à faire face à des problèmes de scolarisation. Or, leurs budgets, grevés par des dépenses militaires qui

1. Source : *The Military Balance 2002-2003*, Londres, IISS, 2002.

restent à des niveaux élevés entre 8 et 11 % du PNB (France, 2,7), sauf en Égypte où, en vingt ans, elles sont passées de 12 à 4,8 % du PNB, n'ont pas encore permis de les résoudre complètement. Le nombre d'analphabètes reste important (entre 40 et 50 % de la population) en Égypte et en Irak, et sensible ailleurs (entre 10 et 20 %) ; avec partout un fort écart entre hommes et femmes au détriment de ces dernières. Ces populations sans formation, qui ne peuvent trouver à s'employer dans les activités rurales traditionnelles, alimentent un fort exode vers les principales villes. Ces dernières connaissent une croissance considérable et, faute de pouvoir être maîtrisée par les pouvoirs publics, totalement désordonnée. Le cas le plus spectaculaire est celui du Caire : en 1952, la ville comptait 2 millions et demi d'habitants, dans les mêmes limites elle en contient aujourd'hui plus de 7 et avec la prolifération des banlieues, l'agglomération dépasse les 16 millions !

Handicapés par leur structure démographique, les pays arabes du Proche-Orient le sont aussi par leurs structures de production. En effet, l'économie dirigée par l'État est la règle[1], soit à travers de grandes sociétés d'État qui s'apparentent plus à des administrations qu'à des entreprises, soit à travers des groupes « privés » mais qui ne doivent leur existence et leur survie qu'aux liens qui les unissent à l'appareil d'État. À cela s'ajoute, comme une récente étude l'a montré[2], l'inadéquation des mécanismes de financement de la production et de l'exportation et celle des procédures

1. Voir Marc Lavergne, Le monde arabe face aux défis de la mondialisation, *Revue internationale et stratégique*, hiver 2000/2001.

2. F. Debié, *Flux économiques au Proche-Orient, une étude géopolitique*, Centre de géostratégie de l'ENS, 2001.

en douane. Certes, les bailleurs de fonds internationaux pressent les États de libéraliser leur économie, mais ceci signifie mettre leurs entreprises, qui n'y sont pas préparées, aux normes internationales, déréglementer le commerce extérieur et les changes, libéraliser l'information, etc. : le risque est grand de mécontenter les prébendiers du système, au cœur du pouvoir politique, de provoquer l'inflation et la hausse du chômage en particulier chez les jeunes (des études indépendantes estiment qu'en Égypte près de 40 % des moins de 25 ans sont sans travail en 2002[1]) et donc d'étendre le mécontentement à de larges couches de la population sans que le pouvoir puisse compter, pour l'équilibrer, sur les bénéficiaires de la « nouvelle économie », encore trop peu nombreux ; d'autant que celle-ci peine, y compris dans les secteurs les plus prometteurs comme le tourisme, à trouver des financements, notamment auprès des investisseurs étrangers que la situation régionale décourage. Ces derniers n'ont investi en 2002 que 308 millions d'euros en Égypte contre 509 en 2001 et 1 milliard et demi en 2000. Aussi certains États sont-ils tentés de faire marche arrière : le budget syrien prévoyait, pour 2002, la création de plus de 30 000 postes administratifs, alors que la fonction publique syrienne est déjà notoirement pléthorique. Aussi les PIB par tête restent-ils médiocres, compris, pour l'année 2000, entre 4 300 $ pour le Liban et 3 635 $ pour l'Égypte (les données estimées pour l'Irak et pour les Territoires palestiniens, respectivement 2 500 et 1 319 $ sont, en raison de la conjoncture politique, sans réelle signification). Le fait que la Jordanie soit dans le haut du tableau avec 4 000 $ alors qu'elle est la moins bien dotée en res-

1. D'après *Le Monde,* « Bilan du monde », 2002.

sources naturelles (eau, pétrole, etc.) montre bien que les difficultés économiques du Proche-Orient arabe tiennent plus à des facteurs socioculturels et politiques qu'aux handicaps du milieu naturel. Ces difficultés expliquent la dépendance alimentaire croissante (la production nationale ne couvre plus que 50 % des besoins en Égypte et en Irak)[1], le poids de la dette extérieure dans tous les pays et l'assujettissement de ceux-ci aux grands bailleurs de fonds internationaux, pourvoyeurs de dons et surtout de prêts.

Aussi, dans le classement des États établi par le PNUD, à partir de l'indice composite dit « Indicateur du développement humain », les pays arabes du Proche-Orient occupent-ils une position à peine moyenne : sur 173 nations recensées en 2000, le Liban est 75e, la Jordanie, 99e, la Syrie, 108e et l'Égypte, 115e (l'Irak et les Territoires palestiniens ne sont pas classés). Or, le voisin israélien est 22e, en compagnie des pays hautement développés, derrière l'Espagne mais devant la Grèce et le Portugal. Cet écart élucide la représentation d'Israël chez ses voisins comme un avant-poste de l'Occident honni ; honni parce que jugé responsable, par son « impérialisme », des tourments économiques, sociaux et culturels du Proche-Orient arabe. L'islamisme, coulé aujourd'hui dans le moule de l'État-nation[2], exploite ce thème avec le succès que l'on sait.

En particulier en Cisjordanie et à Gaza où, aux handicaps partagés avec les États arabes voisins s'ajoutent ceux du contexte politique. Dépendante

1. Voir Georges Mutin, *Géopolitique du monde arabe,* Paris, Ellipses, 2001.

2. Voir les travaux d'Olivier Roy ; par exemple, Les mouvements islamistes en recherche d'identité, *Revue internationale et stratégique,* hiver 2000/2001.

d'Israël qui absorbe 96 % de ses exportations, lui fournit 77 % de ses importations, détient la ressource en eau et peut lui ouvrir ou lui fermer son marché du travail, l'économie palestinienne est soumise à des cycles « politiques » déterminés par l'état des relations entre l'Autorité palestinienne et Israël. Ainsi, à l'amélioration de tous les indicateurs (croissance, chômage, etc.) en 1998 et 1999, a succédé une forte dégradation depuis l'échec du processus d'Oslo : la croissance a reculé de 12 % en 2001 et le chômage frapperait la moitié de la population active. Aussi, l'aide internationale est-elle indispensable, ne serait-ce que pour éviter une catastrophe humanitaire ; fournie principalement par l'Union européenne, elle s'élève en 2001 à 280 $ par tête.

L'eau, enjeu stratégique ? – L'eau, comme nous l'avons dit, est une ressource inégalement disponible dans le Proche-Orient[1]. Aussi est-elle présentée, par de nombreux analystes, comme l'objet d'enjeux décisifs pour les pays de la région. Ce fut si vrai que l'administration américaine, au temps du président Eisenhower, crut que, par le plan Johnston (du nom de l'ambassadeur américain chargé de l'établir), sorte de décalque de la *Tennessee Valley Authority*[2] américaine appliqué au Jourdain, elle arriverait à un accord entre Israël et ses voisins. Aujourd'hui, les progrès technologiques sont tels pour réduire le gaspillage et la consommation, et notamment la plus importante, celle de l'agriculture, et pour fournir de manière éco-

1. Sur cette question, voir Georges Mutin, *L'eau dans le monde arabe,* Paris, Ellipses, 2000.
2. Ambitieux programme d'aménagement hydraulique lancé en 1933 par le gouvernement fédéral américain.

nomiquement rentable de l'eau douce à partir de l'eau de mer (tous les États du Proche-Orient ont une façade maritime), que la compétition pour la maîtrise de l'eau, courante ou des nappes aquifères, tend à être, à plus ou moins long terme, plus un enjeu symbolique de puissance, comme entre la Syrie et l'Irak ou entre celles-ci et la Turquie (ou, bien sûr, entre Israël et ses voisins) qu'un enjeu vital pour la survie économique des États de la région.

Un espace vassalisé

Depuis la fin du califat arabe, le Proche-Orient n'a plus jamais été maître de son destin. Passé aux mains de l'Empire ottoman, puis des puissances européennes, il semble recouvrer sa souveraineté en 1945. Ce n'est qu'un trompe-l'œil : d'abord soumis aux rivalités entre Occidentaux, puis à celles des deux superpuissances, il est aujourd'hui l'espace vassalisé des États-Unis.

Un jeu à trois (1945-1956). – Au lendemain de la Seconde Guerre mondiale, le Proche-Orient n'est plus composé que d'États indépendants. Mais les puissances occidentales victorieuses, les États-Unis, la Grande-Bretagne et la France n'entendent pas abandonner l'influence qu'elles y exercent, les deux dernières depuis longtemps, la première plus récemment. Bien au contraire : l'importance grandissante des hydrocarbures dans leurs économies, alors que la Grande-Bretagne et la France en sont dépourvues et que les États-Unis s'inquiètent de l'épuisement possible de leurs réserves, leur fait regarder le contrôle du Proche-Orient comme vital pour leur prospérité : non seulement celui-ci dispose, en grande quantité, de pétrole peu coûteux à extraire en Irak mais il est aussi maître des routes maritimes et terrestres (la fameuse « Tapline », l'oléoduc permettant de transporter le pétrole saoudien vers la Méditerranée, est mise en service dès 1950) qui permettent d'acheminer la production du Golfe vers les pays occidentaux. Jusqu'au début des années 1950, il s'agit encore d'un jeu à trois : les États-Unis savent le capital de sympathie que leur valent au Proche-Orient leurs prises de position anticolonialistes mais, solidement installés à la périphérie, en Arabie Saoudite et en Méditerranée où ils ont constitué, en 1946, une VIe flotte, ils avancent à pas comptés au Proche-Orient, ménageant encore les Britanniques. Car ces derniers occupent toujours une place centrale dans la région grâce aux bases militaires, dont celle de Suez est la plus importante, qu'ils y conservent. La France aspire à retrouver son influence au Proche-Orient mais, d'une part, son prestige a été durement atteint par la défaite de 1940 et sa place parmi les vainqueurs de 1945 ne le lui a que partiellement rendu, et d'autre part, malgré l'accord franco-britannique de 1945, la Grande-Bretagne n'est pas disposée à favoriser le retour de son vieux rival sur la scène proche-orientale. Parmi les raisons qui expliquent le rapprochement qui s'opère en 1954 entre la France et Israël, il ne faut pas exclure la volonté française de jouer à nouveau un rôle de premier plan au Proche-Orient, de surcroît là où les Britanniques ont échoué.

L'Union soviétique mesure bien la valeur stratégique du Proche-Orient pour étendre sa sphère d'influence et affaiblir le camp adverse. Mais, elle ne peut pas encore concrétiser ses ambitions car, d'une part, les partis communistes, relais dont elle dispose ailleurs, sont ici inexistants ou insignifiants et d'autre part, les Occidentaux lui font barrage par un système d'alliances, le *Nothern Tier,* qui relie celui qu'ils ont mis en place à l'ouest, l'OTAN et celui qu'ils ont établi à l'est, l'OTASE, assurant ainsi l'« endiguement » continu de l'URSS ; « endiguement » parachevé par le pacte de Bagdad (1955) qui réunit la Grande-Bretagne, la Turquie, l'Irak, l'Iran et le Pakistan.

Un jeu à deux (1956-1991). – Dans un Proche-Orient arabe travaillé par le panarabisme et le neutralisme prôné par les États qui, comme l'Inde et l'Indonésie, lancent le mouvement des non-alignés, mécontenté par la déclaration tripartite (États-Unis, Grande-Bretagne et France, mai 1950) qui vise à limiter la course aux armements dans la région mais qui y est interprété comme un soutien indirect à Israël, mobilisé par l'évolution de la situation en Afrique du Nord, sensible au discours anticolonialiste de l'Union soviétique poststalinienne, Nasser, fort de son succès à la conférence de Bandung (avril 1955), fait entrer l'URSS dans le jeu proche-oriental dans le but d'équilibrer, à son avantage, l'omniprésence occidentale : les premiers contacts sont pris en juillet 1955 pour des livraisons d'armes par le bloc soviétique. À partir de là, l'Union soviétique ayant pris pied au Proche-Orient, les puissances européennes y étant marginalisées après la crise de Suez et les États-Unis annonçant clairement (dans le discours du président Eisenhower au Congrès en mars 1957) leur intention de les y remplacer, la région devient un théâtre majeur de la confrontation entre les deux superpuissances jusqu'à provoquer la menace d'interventions directes et même l'alerte nucléaire américaine d'octobre 1973. Ce qui est important pour notre propos, compte tenu de l'effondrement de l'Union soviétique, réside, plus que dans l'examen détaillé des étapes successives de la pénétration soviétique au Proche-Orient entre 1955 et le milieu des années 1980, dans l'analyse des conséquences durables de cette longue confrontation sur les représentations que se font les parties prenantes actuelles aux conflits du Proche-Orient de la nature de ces derniers et des enjeux qui les portent.

Le discours « progressiste » et anti-impérialiste qui accompagne la « poussée » soviétique dans le Proche-Orient arabe présente le soutien, de plus en plus inconditionnel, après 1967, des États-Unis à Israël comme l'avatar par excellence du néo-colonialisme américain et ruine le capital de confiance que les États-Unis s'étaient constitués dans les pays arabes du Proche-Orient entre les deux guerres. Parce qu'ils ont en quelque sorte trahi bien des espoirs, ils sont désormais rendus responsables de tous les maux ; humiliations militaires, difficultés économiques, troubles identitaires : tout leur est imputé. Certes, l'hégémonie américaine depuis 1991, contraint les dirigeants arabes, sauf Saddam Hussein qui en paiera le prix, à abandonner leurs diatribes anti-américaines, mais le ressentiment des populations, loin de s'atténuer, s'exacerbe parce que ses causes n'ont pas disparu et que l'islamisme, comme nous l'avons vu, l'entretient pour arracher le pouvoir à des dirigeants fragilisés par leurs « compromissions » avec l'Occident.

Cette évolution va aussi laisser des traces dans les représentations américaines du Proche-Orient. Au fur et à mesure que la présence soviétique s'accroissait, Israël, comme celui-ci l'espérait, est apparu aux yeux des États-Unis comme le rempart indispensable contre la propagation du communisme dans tout le Moyen-Orient. Après la dislocation du bloc soviétique, l'alliance est devenue si étroite entre les États-Unis et Israël que toute réévaluation de son intérêt stratégique pour l'Amérique n'est même plus *pensable*.

L'hégémonie américaine (1991-aujourd'hui). – Avec la disparition de la menace soviétique, le Proche-Orient, qui avait déjà vu l'évolution technologique, civile et militaire, affaiblir la valeur de sa position géographique, perd une autre raison de son importance géostratégique. Reste l'enjeu majeur pour les États-Unis que constituent leurs intérêts pétroliers dans le Golfe et la nécessité absolue pour eux de garantir l'intégrité territoriale et la stabilité de leurs protégées, les monarchies du Golfe. La guerre de 1991 contre l'Irak pour restaurer la souveraineté des Al-Sabah sur le Koweït répond à cette exigence. Or, tout au long de la crise, de la mise en place de la coalition « anti-Saddam » au déroulement du conflit, les Américains se sont vu confirmer combien la non-résolution du conflit israélo-arabe leur avait compliqué la tâche. Sur un terrain qui est devenu le plus médiatique de la planète, il est alors impératif pour les États-Unis de montrer au reste du monde qu'il n'est pas de conflit, si complexe soit-il, qu'ils ne puissent résoudre.

La conférence de Madrid. – Les États-Unis réussissent à mettre sur pied une conférence internationale qui met en présence, officiellement pour la première fois, Israéliens et Palestiniens. Elle se réunit d'abord à Madrid en novembre 1991, puis se poursuit à Washington à partir de décembre sans donner de résultats concrets malgré les pressions américaines sur Israël (l'administration George Bush subordonne l'octroi de garanties bancaires à un emprunt de 10 milliards de dollars pour faire face à l'afflux des immigrants soviétiques à un gel de la colonisation dans les Territoires) alors entré en campagne électorale. La défaite du Likoud et l'arrivée du leader travailliste, Itzhak Rabin, au pouvoir (juin 1992), débloque la situation : le financement de la colonisation des Territoires est réduit (du coup, les États-Unis accordent leur garantie bancaire), la loi qui faisait interdiction aux Israéliens d'entrer en contact avec l'OLP est abrogée par la Knesset le 20 janvier 1993 et, dès le lendemain, des négociations secrètes sont engagées à Oslo entre Israéliens et Palestiniens[1], parallèlement à la reprise des discussions officielles, dans le cadre du processus de Madrid, à Washington.

Les accords d'Oslo. – Fin août, il est annoncé qu'un accord a été trouvé à Oslo[2] ; dans la foulée, Israël et l'OLP se reconnaissent mutuellement et le 13 septembre 1993 a lieu, à Washington, la désormais fameuse poignée de mains entre Rabin et Arafat, à l'occasion de la signature de la « déclaration de principe » qui fixe aux parties un objectif ambitieux : aboutir dans les cinq ans à un règlement définitif du conflit. Pour y parvenir, un processus de transfert d'autorité à un autogouvernement palestinien et d'extension territoriale, par étapes, de ses compétences sur la Cisjordanie et la bande de Gaza est prévu. Toutefois, l'examen des questions les plus épineuses, Jérusalem, les implantations, les sites militaires, est renvoyé aux négociations sur l'accord final. Malgré l'activisme et les violences meurtrières des extrémistes

1. Sur ces négociations secrètes, et sur celles qui les avaient précédées, voir Charles Enderlin, *Paix ou guerres, les secrets des négociations israélo-arabes, 1917-1997,* Paris, Éditions Stock, 1997.

2. Pour une analyse détaillée des accords d'Oslo, voir Franck Debié et Sylvie Fouet, *La paix en miettes,* Paris, PUF, 2001.

des deux bords, le processus engagé à Oslo semble irréversible : un accord de transfert de compétences à l'Autorité palestinienne est trouvé en août 1994, et en septembre 1995 sont signés à Washington, les accords dits « Oslo II » qui partagent les Territoires en trois zones (A, B et C). Dans la zone A s'exercera la responsabilité exclusive de l'Autorité palestinienne ; dans la « B », les compétences seront partagées : la sécurité demeure du ressort d'Israël, le reste va à l'Autorité ; dans la zone « C », Israël conservera une compétence exclusive ; le tout dans l'attente de l'accord final. Entre-temps, Israël et la Jordanie ont signé, dans une atmosphère particulièrement chaleureuse, la paix (octobre 1994) et Israël s'apprête à engager des pourparlers avec la Syrie.

L'espace des ambiguïtés

Il reste beaucoup de non-dits dans les négociations israélo-palestiniennes et les arrière-pensées des uns et des autres n'ont pas disparu. Mais le processus engagé à Oslo vise justement à créer une dynamique de la paix qui en rendrait l'expression si tardive qu'elle en serait impossible. Cette dynamique Y. Rabin l'incarne. Sa disparition bouleverse la donne.

Après l'assassinat d'Y. Rabin, ambiguïtés des desseins israéliens. – L'assassinat d'Itzhak Rabin, le 4 novembre 1995, à Tel-Aviv, par un jeune Juif orthodoxe, suscite la consternation partout dans le monde. En Israël, le choc est immense. Profitant du trouble de l'opinion israélienne et de la perspective des prochaines élections à la Knesset, les opposants palestiniens au processus de paix, les islamistes du *Hamas* et du *Djihad,* multiplient les attentats contre la population civile en Israël. Le leader de la droite israélienne, Benjamin Netanyahou, dénonce un processus d'abandon territorial qui n'apporte ni la paix ni la sécurité. Shimon Pérès, qui a succédé à Rabin, veut démontrer à un électorat désorienté qu'il peut être, outre l'homme de la paix (il a reçu, conjointement avec Rabin et Arafat, le prix Nobel de la paix 1994), l'homme de la fermeté : en réplique aux bombardements de la Galilée par le *Hezbollah* depuis le Sud Liban, il décide l'opération « Raisins de la colère », des frappes tous azimuts sur le Liban. L'opération tourne au fiasco : le pilonnage d'un camp de la FINUL fait 100 morts ; l'indignation est générale dans le monde et Shimon Pérès sort de cette intervention encore un peu plus affaibli politiquement.

Benjamin Netanyahou remporte, certes de justesse, les élections du 29 mai 1996. Il est immédiatement confronté à un dilemme : hostile au processus d'Oslo, il ne peut, en raison du parrainage américain, le dénoncer. Sa tactique va consister en manœuvres dilatoires accompagnées d'une accélération de la colonisation des Territoires. Mais, contraint par le président Clinton à accepter (accords de Wye Plantation, octobre 1998) un nouveau retrait des Territoires, il mécontente sa base électorale sans séduire le « camp de la paix » israélien. L'échec de sa politique conduit Benjamin Netanyahou à une défaite sans appel aux élections de 1999.

Rapidement, les immenses espoirs qu'avait fait naître la nette victoire du candidat travailliste, Ehud Barak, sont déçus. À l'image de sa coalition parlementaire, sa politique est ambiguë. Inconstance dans ses priorités stratégiques (Syrie, Liban, Autorité palestinienne), atermoiements sur le respect du calendrier établi par les accords d'Oslo, valse-hésitation (entretenue, il est vrai, par les positions prises par les négociateurs palestiniens) au sommet de Camp David (juillet 2000), puis, après l'échec de ce dernier et le début de la *deuxième Intifada* en septembre 2000, incohérence entre la brutalité de la répression des manifestations dans les Territoires et la volonté affichée d'aboutir à un accord avec les Palestiniens à Taba (ville égyptienne sur le golfe d'Aqaba près de la frontière avec Israël) en décembre 2000, conduisent E. Barak à l'échec.

Ambiguïté plus marquée encore des positions de son successeur de droite, Ariel Sharon, élu en 2001 et réélu en 2003 : ce dernier a transformé cette répression en une véritable guerre, avec l'accord tacite de l'administration républicaine de George W. Bush dont il a progressivement gagné les faveurs. Pour lui, l'Autorité palestinienne doit écarter Yasser Arafat afin qu'une solution politique redevienne possible : il faut donc, en attendant, qu'Israël entreprenne d'éradiquer le terrorisme par la force. Une « logique » que, mois après mois, chaque attentat-suicide est venu conforter. Mais, parallèlement, à une répression très dure de la *deuxième Intifada* et à une accélération de la colonisation, Ariel Sharon a mené sa campagne électorale de 2003 en « modéré », partisan d'un État palestinien (sur, il est vrai, seulement 41 % de la Cisjordanie, dont au moins la moitié reste aux mains des colonies, avec un contrôle israélien des frontières et de l'espace aérien, une démilitarisation totale et, bien sûr, une nouvelle direction politique).

Mais la lassitude et même le découragement de beaucoup d'Israéliens (ils ne sont plus, par exemple, que 34,4 % en février 2003 à croire aux vertus du processus d'Oslo contre 54,5 % en mai 1999) tiennent aussi aux ambiguïtés des positions de l'Autorité palestinienne, à celles du processus d'Oslo, des pays arabes et des États-Unis, à la marginalisation des autres puissances (Union européenne et Russie) et, enfin, au contexte incertain qu'a créé l'intervention des États-Unis en Irak.

Ambiguïtés de la position palestinienne. – Les positions que celle-ci a adoptées à Camp David, à Taba et son attitude pendant le déclenchement, puis le déroulement de la *seconde Intifada,* ont soulevé beaucoup d'interrogations, en Israël (le jugement de Shlomo Ben-Ami, ministre des Affaires étrangères du gouvernement Barak à l'époque des négociations de Camp David et de Taba, est particulièrement sévère[1]) et ailleurs dans le monde sur la volonté réelle des Palestiniens d'aboutir à un compromis territorial et, à terme, à une réconciliation avec Israël. En fait, les échecs de Camp David et de Taba ont divisé l'Autorité palestinienne entre ceux qui, comme Mahmoud Abbas (dit Abou Mazen), pensent que le conflit avec Israël est un conflit politique qui doit être résolu par des moyens politiques et ceux qui, comme Yasser Arafat, jugeant le retour à la violence inévitable en raison de l'exaspération de la population devant le blocage du processus de paix et la misère qui se perpétue, souhaitent l'exploiter comme moyen de pression sur Israël. Ce dernier n'a voulu attribuer la responsabilité de cette contradiction interne qu'à la personnalité du président de l'Autorité palestinienne regardé comme l'homme d'un double langage, comme celui qui condamne les attentats-suicides mais qui, dans le même temps, adresse ses condoléances aux familles des kamikazes. Les autorités israéliennes, suivies par

1. Interview au *Ha'aretz,* 14 septembre 2001.

une majorité de la population juive, en ont tiré comme conclusion que Yasser Arafat n'était pas ou plus un interlocuteur crédible pour mener le processus de paix à son terme.

Ambiguïtés du processus d'Oslo. – Or, les équivoques du discours palestinien depuis le reprise de l'*Intifada* ne font, en réalité que prolonger celles que les deux camps ont entretenues tout au long du processus d'Oslo : à l'asymétrie[1] des négociations israélo-palestiniennes se sont, en effet, ajoutés les non-dits du point de départ de celles-ci : pour les Palestiniens, les concessions majeures avaient déjà été faites par leur reconnaissance de l'État d'Israël et leur renoncement à revendiquer la totalité du territoire de la Palestine mandataire ; dès lors, la souveraineté sur le reliquat de 1948, la Cisjordanie, la bande de Gaza et Jérusalem-Est ne pouvaient, dans leur esprit, leur être contesté. Pour les Israéliens, les frontières de 1967 constituaient au contraire la base initiale du compromis à trouver. Le refus d'explicitation est pour partie tactique mais il est aussi du domaine de l'indicible : les représentations des uns se sont forgées à partir de la négation de celles des autres et réciproquement. Les discussions en forme de dialogue de sourds, entre les négociateurs de Taba, sur ce qui est le Mont du Temple pour les Juifs et l'Esplanade des Mosquées pour les musulmans, rapportées par Charles Enderlin[2] l'ont malheureusement montré.

Ambiguïtés du discours dans les États arabes de la région. – La condamnation unanime par les pays ara-

1. Sur cet aspect de la question, voir la conclusion de *La paix en miettes, op. cit.*
2. Charles Enderlin, *Le rêve brisé,* Paris, Fayard, 2002.

bes de la répression menée par Israël dans les Territoires après la reprise des violences de la « nouvelle *Intifada* » ne peut paraître que, sinon légitime, au moins inévitable ; de même, les appels à la destruction de l'État juif en tant que tel par ceux qui ne l'ont jamais reconnu ne peuvent surprendre. En revanche, un constat fait depuis plusieurs années, mais que le blocage du processus d'Oslo a mis en pleine lumière, s'impose : même les pays arabes qui ont reconnu Israël et signé avec lui un traité de paix tolèrent que leurs médias expriment quotidiennement des positions qui nient la légitimité de l'État israélien et se nourrissent d'antisionisme enflammé quand il ne s'agit pas d'antisémitisme pur et simple. Plus troublante encore est l'attitude, très répandue dans les milieux universitaires arabes de la région, qui consiste à cautionner les positions les plus radicalement hostiles à Israël, quand ce n'est pas à emprunter à l'Occident ses pires discours antisémites, comme, par exemple, celui des *« Protocoles des Sages de Sion »*[1].

Ambiguïtés des positions américaines[2]**.** – La place centrale qu'occupent les États-Unis sur l'échiquier proche-oriental, leur soutien financier et militaire sans faille à Israël depuis trente-cinq ans, leur influence sur de nombreux États arabes de la région dont la pérennité des régimes, pour certains d'entre eux, dépend du bon vouloir américain, leur statut d'« hyperpuissance » depuis la disparition de l'URSS confèrent aux

1. Faux document sur un soi-disant complot juif mondial publié pour la première fois en Russie au début du XXe siècle. Bien que la supercherie ait été depuis longtemps dénoncée, cet opuscule est régulièrement réédité notamment dans certaines capitales arabes.

2. Pour les resituer dans un contexte plus large, voir Pierre Hassner et Justin Vaïsse, *Washington et le monde. Dilemmes d'une superpuissance,* Paris, Autrement, 2003.

États-Unis un rôle primordial, une responsabilité particulière dans la résolution ou non de la question palestinienne. Chacun s'accorde, pour s'en réjouir ou pour s'en inquiéter, en Israël et dans les Territoires comme dans le reste du monde, sur le fait qu'aucun accord ne peut être trouvé sans le concours des Américains. Or, l'administration Clinton, affaiblie par la fin troublée du mandat présidentiel, est incapable, à Camp David, puis à Taba, d'imposer un accord. Puis, les États-Unis, surtout après les attentats du 11 septembre 2001, ont paru se désintéresser du processus de paix israélo-palestinien et laisser carte blanche à Ariel Sharon, pour se tourner vers les foyers moyen-orientaux du terrorisme international et leur réserver leurs moyens de pression diplomatiques et militaires : diplomatiques sur l'allié pakistanais, militaires sur l'ennemi Taliban en Afghanistan et ceci jusqu'au déclenchement de la guerre en Irak (mars 2003) et l'annonce de leur volonté de relancer le processus de paix.

Ambiguïtés de la position européenne ? – L'Europe souhaiterait jouer un rôle plus valorisant dans la résolution du conflit que celui auquel elle est réduite : celui de financier de l'Autorité palestinienne. Or, sa position est affaiblie parce qu'elle est l'objet d'accusations incessantes, en Israël et dans la Diaspora, de partialité au détriment d'Israël. La défiance, et même le ressentiment, en forme d'amour déçu, à l'égard de la France, naguère l'alliée fidèle, est, comme on le sait, particulièrement vif[1]. Mais les autres grands États européens ne sont guère mieux lotis. À cela s'ajoute – et c'est peut-être le plus important – la difficulté

1. Voir Elie Barnavi, Luc Rosenzweig, *La France et Israël, une affaire passionnelle,* Perrin, 2002.

qu'éprouve l'Union à se doter d'une politique étrangère commune et à se doter des moyens notamment militaires de la mettre en œuvre, difficulté accrue par l'élargissement de l'Union à 25 membres.

Ambiguïtés de la situation créée par la guerre en Irak et la chute de Saddam Hussein. – L'administration américaine est parvenue à la conclusion, depuis l'arrivée au pouvoir de George W. Bush, que le maintien de Saddam Hussein à la tête de l'État irakien constituait un obstacle dirimant à l'établissement de la *pax americana* au Proche- et au Moyen-Orient. La mise en quarantaine économique et politique de l'Irak n'ayant pas suffi à provoquer l'effondrement du régime, les États-Unis, après quelques mois de négociations infructueuses à l'ONU pour obtenir l'aval de la communauté internationale, décident une intervention militaire qui débute le 19 mars 2003. Le 9 avril, la capitale Bagdad tombe et avec elle le régime de Saddam Hussein. Les Américains et leurs alliés britanniques occupent depuis le pays tout entier.

L'impact de cette intervention sur le conflit israélo-palestinien peut s'analyser positivement pour trois raisons : premièrement, la scène diplomatique proche-orientale est « débarrassée » d'un des plus irréductibles opposants à toute normalisation entre Israël et ses voisins arabes, à tout processus de paix entre l'État juif et l'Autorité palestinienne et qui abritait et/ou finançait les plus farouches opposants palestiniens à tout compromis territorial avec Israël. Quant à la Syrie voisine, avec l'armée américaine à ses portes, elle devrait être conduite, pour s'éviter le même sort que l'Irak, à adopter une position plus conciliante que par le passé à l'occasion d'une éventuelle reprise des négociations avec l'État juif.

Deuxièmement, les États-Unis savaient qu'en intervenant en Irak, ils augmenteraient le ressentiment populaire arabe en particulier dans les pays du Golfe abritant leurs bases militaires. En conséquence, il leur faut l'apaiser en manifestant leur souci des intérêts arabes : comme on pouvait l'imaginer, ils ont choisi la relance du processus de paix pour l'exprimer.

Troisièmement, dans ce nouveau contexte, le gouvernement israélien est conduit à modérer son intransigeance : Ariel Sharon affirme[1], quatre jours après la prise de Bagdad, être prêt à faire des concessions pour permettre une reprise du dialogue avec les Palestiniens, notamment sur la question des implantations juives dans les Territoires. Il évoque des mesures « douloureuses pour chaque Juif », afin de parvenir à un règlement de paix et ajoute : « J'ai décidé de faire tous les efforts pour parvenir à un règlement (de paix). Je sens que la nécessité rationnelle de parvenir à un règlement prend le dessus sur mes sentiments (...) Toute notre histoire est attachée à ces lieux : Bethléem, Shiloh, Beit El. Je sais que nous aurons à nous séparer de certains de ces lieux (...). » La guerre en Irak a provoqué une « secousse au Moyen-Orient » qui a fait surgir « une occasion de parvenir à un accord avec les Palestiniens plus rapide qu'on ne le pensait (...) Il y a une occasion de créer des relations différentes entre nous, les pays arabes et les Palestiniens ».

Inversement, force est de constater que les Palestiniens se retrouvent encore un peu plus seuls à la suite des récents événements en Irak : la marginalisation de l'Europe dans le dossier proche-oriental a été

1. Dans un entretien accordé, le 13 avril 2003, au quotidien *Haaretz*.

aggravée par ses dissensions sur le conflit irakien et l'effacement du monde arabe a empiré pour le même motif. Les Palestiniens vont donc s'engager dans des négociations à nouveau asymétriques où ils ne peuvent compter que sur le bon vouloir américain. Or, les « faucons » pro-Likoud de l'administration américaine auront-ils moins d'influence demain qu'hier quelles que soient les difficultés rencontrées en Irak par les États-Unis ?

Conclusion

UN ESPACE APAISÉ OU UN ESPACE À LA DÉRIVE EN 2005 ?

La « feuille de route », a été élaborée par le « Quartet » composé des États-Unis, de l'ONU, de l'Union européenne et de la Russie. Sa rédaction achevée en décembre 2002, elle a été dévoilée aux protagonistes, le 30 avril 2003, par le président américain. Elle tire, autant que le rapport de force le permet, les leçons des échecs précédents : objectif final indéterminé, délais trop longs, absence de mécanismes de contrôle international. Elle prévoit expressément d'aboutir par étapes, sur trois ans, à un État palestinien souverain avec un État palestinien provisoire (sans frontières définitives) dès la fin 2003 et confie aux membres du quartet le soin de superviser le déroulement du processus en les associant à quatre groupes de travail : sur la sécurité, sur les « affaires diverses » (euphémisme pour désigner les colonies israéliennes en Cisjordanie et à Gaza), sur la réforme des institutions palestiniennes et, enfin, sur l'aide humanitaire aux populations palestiniennes. Elle impose aux deux parties qu'elles remplissent leurs obligations parallèlement et simultanément sans pouvoir invoquer de quelconques conditions.

Toutefois, les Israéliens exigeaient, préalablement à la mise en œuvre de la « feuille de route », en accord avec les Américains, que l'interlocuteur palestinien ne soit plus le président de l'Autorité palestinienne Celui-ci a, finalement, accepté de nommer, au printemps 2003, un Premier ministre, Mahmud Abbas, dit Abou Mazen, l'un des fondateurs du *Fatah* et l'homme de toutes les négociations avec les Israéliens, avec lequel ces derniers se disaient prêts à dialoguer. Effectivement, sous les auspices de l'administration américaine, le dialogue a repris, pour la première fois depuis trois ans, entre Israéliens et Palestiniens. Des signes encourageants ont été enregistrés à partir de la fin juin 2003 ; d'un côté, les groupes palestiniens responsables de la reprise des attentats ont accepté de respecter une trêve, pour trois mois, des attaques anti-israéliennes, de l'autre, Israël a rétabli la liberté de circulation dans la bande de Gaza et a démantelé quelques colonies « sauvages » en Cisjordanie.

Mais l'espoir n'a duré que quelques semaines. Dès la fin août 2003, les islamistes du *Hamas* et du *Djihad* ont proclamé la fin de la trêve, plongeant à nouveau la région dans la violence : à des attentats-suicides particulièrement meurtriers ont répondu l'élimination physique par Israël de responsables du *Hamas* et du *Djihad*, le bouclage des Territoires et même la menace du gouvernement israélien d'expulser, voire pour certains de ses membres, de tuer Yasser Arafat.

Il est bien sûr trop tôt pour préciser sur quoi débouchera ce nouvel échec du processus de paix qui a provoqué la démission du Premier ministre palestinien et si la « feuille de route » a une quelconque chance d'être réactivée. Ces concepteurs pariaient que la lassitude grandissante des deux camps devant un conflit qui rend le quotidien intolérable pour les deux peuples, pourrait les inciter à faire, cette fois, les concessions qu'ils n'avaient pas osé s'accorder en 2000 et ses supporteurs pariaient eux que les États-Unis, confrontés en Irak à des problèmes plus ardus que ceux qu'ils escomptaient, se réinvestiraient dans ce dossier pour corriger leur image dans la région et presseraient leur allié israélien d'accepter un État palestinien « viable et continu », *dixit* la « feuille de route ».

Force est de constater fin 2003 que ces paris ont échoué principalement parce que ceux qui détiennent le pouvoir en Israël comme chez les Palestiniens n'ont pas l'assise électorale ou populaire qui leur permettraient de négocier face à face les concessions réciproques qu'exige « la feuille de route ». Comme il ne semble pas que dans chacun des deux camps les partisans de la paix sur la base d'un compromis politique soient en mesure d'accéder rapidement au pouvoir, l'idée fait son chemin en Israël[1], chez les Palestiniens mais aussi aux États-Unis et en Europe qu'un arbitrage international comme celui qui fut mis en œuvre au Timor ou au Kosovo, s'impose. Il consisterait à placer les Territoires sous mandat de l'ONU, à afficher un programme (lutte contre les organisations terroristes palestiniennes, démantèlement des implantations israéliennes dans les Territoires, grands travaux d'équipement dans ces derniers, etc., création d'un État palestinien) et un calendrier précis et à déployer une force internationale sous la direction du Quartet pour en garantir l'exécution.

Faute d'un tel plan, auquel souscrirait très certainement une majorité d'Israéliens et de Palestiniens, dont la mise en œuvre dépend largement du bon vouloir américain, les pronostics les plus sombres pourraient malheureusement se révéler exacts.

1. Voir, par exemple, Shlomo Ben Ami, ancien ministre des Affaires étrangères du gouvernement Barak, Israël-Palestine : tout changer pour que tout change, *Le Monde*, 16 septembre 2003.

BIBLIOGRAPHIE

Pour une bibliographie plus détaillée sur le sujet, consulter les bibliographies des ouvrages conseillés ci-après :

Abitbol M., *Le passé d'une discorde, Juifs et Arabes du VIIe siècle à nos jours,* Perrin, 1999.

Attias J.-C. et Benbassa E., *Israël imaginaire,* Flammarion, 1998.

Barnavi E., *Une histoire moderne d'Israël,* Flammarion, 1991.

Barnavi E. et Friedländer S., *Les Juifs et le XXe siècle, dictionnaire critique,* Calmann-Lévy, 2000.

Bucaille L., *Gaza : la violence de la paix,* Presses de Sciences Po, 1998.

Charbit D., *Sionismes,* Albin Michel, 1998.

« Collectif », *L'état du monde, annuaire économique géopolitique mondial 2003,* La Découverte, 2002.

Corm G., *Le Proche-Orient éclaté, 1956-2003,* Gallimard, 2003.

Debié F. et Fouet S., *La paix en miettes, Israël et Palestine (1993-2000),* PUF, 2001.

Debié F. et Pieter D., *La paix et la crise : le Liban reconstruit ?,* PUF, 2003.

Dieckhoff A., *L'invention d'une nation,* Gallimard, 1993.

Enderlin C., *Paix ou guerres. Les secrets des négociations israélo-arabes, 1917-1997*, Stock, 1997 ; *Le rêve brisé, histoire de l'échec du processus de paix au Proche-Orient, 1995-2002,* Fayard, 2002.

Foucher M., *Fronts et frontières,* Fayard, 1991.

Greilsammer I., *La nouvelle histoire d'Israël,* Gallimard, 1998.

Gresh A. et Vidal D., *Les 100 clés du Proche-Orient,* Hachette, 2003.

Klein C., *La démocratie d'Israël,* Le Seuil, 1997.

Laurens H., *L'Orient arabe,* Armand Colin, 2000 ; *Paix et guerre au Moyen-Orient,* Armand Colin, 1999 ; *Le retour des exilés,* Robert Laffont, 1998.

Mutin G., *Géopolitique du monde arabe,* Ellipses, 2001.

Said E. W., *Culture et impérialisme,* Fayard, « Le Monde diplomatique », 2000.

Sorman G., *Les enfants de Rifaa musulmans et modernes,* Fayard, 2003.

TABLE DES MATIÈRES

Imprimé en France
par Vendôme Impressions
Groupe Landais
73, avenue Ronsard, 41100 Vendôme
Décembre 2003 — N° 50 807